名探偵コナン

DETECTIVE CONAN

VOLUME 1

GŌSHŌ AOYAMA PRESENTS

青山剛昌

名《めい》探《たん》偵《てい》コナン

DETECTIVE CONAN

VOLUME 1

青山《あおやま》剛昌《ごうしょう》

名探偵コナン 1　目次

■青山剛昌■

ゴロ
ゴロ
ゴロ
そう…
FILE《ファイル》.1 平成《へいせい》のホームズ
犯人《はんにん》は、窓《まど》から窓《まど》へ飛《と》び移《うつ》ったんですよ…
みなさんが被害者《ひがいしゃ》の悲鳴《ひめい》を聞《き》いて駆《か》けつける前《まえ》にね…
カツ
カツ
カツ
これで、窓《まど》の外《そと》に足跡《あしあと》がなかったわけがおわかりでしょう…
バ、バカな!?
あそこは、5m《メートル》も離《はな》れているのよ!!
壁《かべ》づたいに屋根《やね》に登《のぼ》れば、2m《メートル》もありませんよ…
この家《いえ》の特殊《とくしゅ》な構造《こうぞう》を知《し》らなければ、思《おも》いつきませんがね…
そして、あの時間《じかん》に誰《だれ》にも怪《あや》しまれずに家中《いえじゅう》を動《うご》きまわれた人物《じんぶつ》はただ一人《ひとり》…
は、早《はや》くいいたまえ!!
いったい誰《だれ》だね!? わたしの家内《かない》を殺《ころ》した犯人《はんにん》は!?
それは…

御《ご》主《しゅ》人《じん》、あなたです!!!

FILE《ファイル》.1
平成《へいせい》のホームズ

じょ、冗談《じょうだん》はよしたまえ……
だいいち、ワシの足《あし》はまだ……
ヘタな芝居《しばい》は、やめてくださいよ……
もう、ネタはバレてんだ!!
ガッ
わっ
ダッ
だ、だんな様《さま》、足《あし》が……
あんたの足《あし》は、三《さん》か月前《げつまえ》にもう治《なお》ってんだよ!!
そうですよね？目暮《めぐれ》警部《けいぶ》……
観念《かんねん》しろ!!おまえの主治医《しゅじい》が、すべて吐《は》いたぞ…
くっ……
ダッ
くそ!!
あ、まて……
逃《に》がすか…
よお!!!
ダッ
ドッ
4

ゴッ
ゴォール♡
ダッ
さあ、さっさと歩《ある》け!!
トホホ……
いやー、また君《きみ》の力《ちから》を借《か》りてしまったな、工藤君《くどうくん》!!
いつもいつもすまんのー…
いえいえ…
また難事件《なんじけん》があれば、
この名探偵《めいたんてい》、工藤新一《くどうしんいち》にご依頼《いらい》を!!

名《めい》探《たん》偵《てい》コナン
DETECTIVE CONAN

キーン
コーン
カーン
高校生探偵
また事件解決
その名は工藤新一
フフフ…
フッフッフ…
工藤新一《くどうしんいち》
帝丹高校二年《ていたんこうこうにねん》
ねえねえ、聞《き》いたー?あの高校生探偵《こうこうせいたんてい》、また、お手柄《てがら》なんだってー!!
ククク…
まさに彼《かれ》こそ、日本警察《にっぽんけいさつ》の救世主《きゅうせいしゅ》といえましょー!!
6

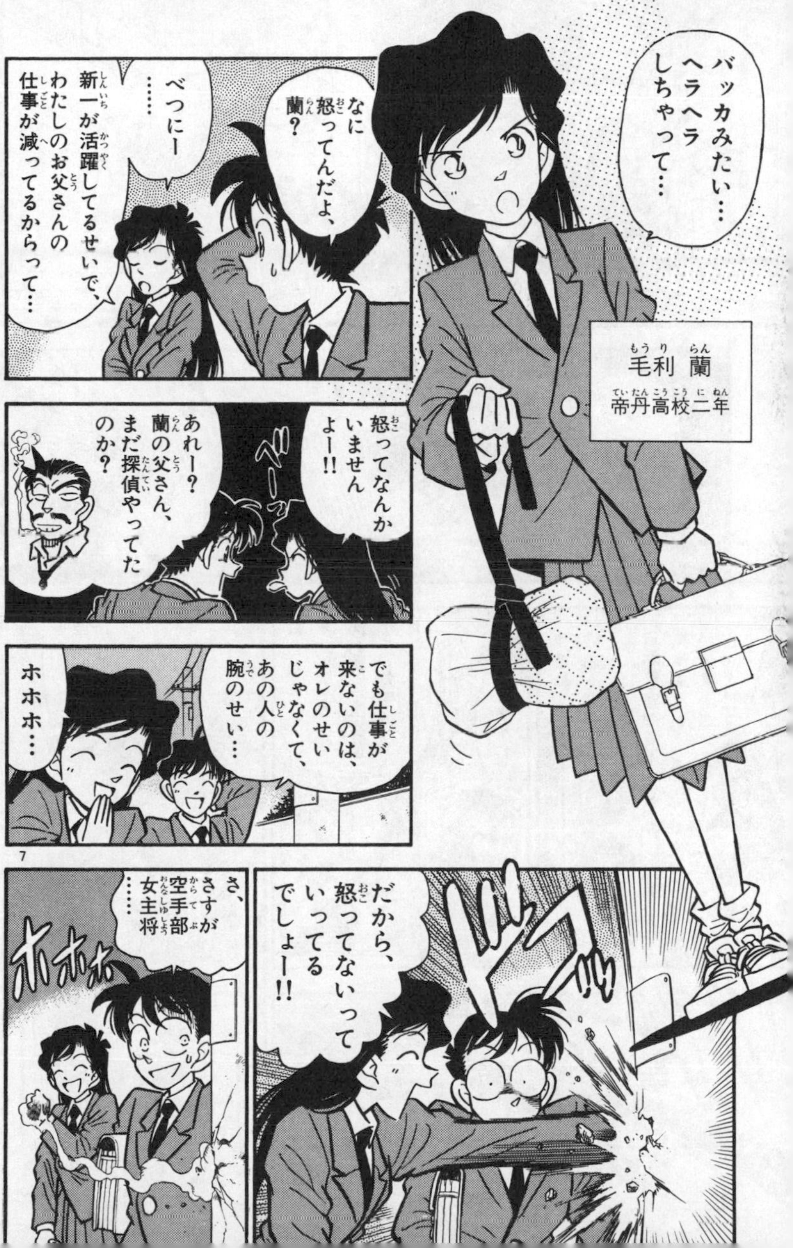

バッカみたい…ヘラヘラしちゃって…
毛利《もうり》 蘭《らん》
帝丹高校二年《ていたんこうこうにねん》
なに怒《おこ》ってんだよ、蘭《らん》？
べつにー……
新一《しんいち》が活躍《かつやく》してるせいで、わたしのお父《とう》さんの仕事《しごと》が減《へ》ってるからって…
怒《おこ》ってなんかいませんよー!!
ベーっ
あれー？蘭《らん》の父《とう》さん、まだ探偵《たんてい》やってたのか？
でも仕事《しごと》が来《こ》ないのは、オレのせいじゃなくて、あの人《ひと》の腕《うで》のせい…
ホホホ…
だから、怒《おこ》ってないっていってるでしょー!!
さ、さすが空手部《からてぶ》女主将《おんなしゅしょう》……
ホホホ

ボール とってー!!
ん?
ほらよ!
……
テン テン
新一《しんいち》だって、サッカー部《ぶ》やめてなかったら、今頃《いまごろ》は国立《こくりつ》のヒーローだったのに…
サッカーは、探偵《たんてい》に必要《ひつよう》な運動神経《うんどうしんけい》をつけるためにやってただけだよ…
ほら…ホームズだって剣術《けんじゅつ》やってたし…
あれは、小説《しょうせつ》でしょー…
でも、みんなが知《し》ってる名探偵《めいたんてい》だ!!
彼《かれ》はすごい!! いつも、冷静沈着《れいせいちんちゃく》!!
あふれる知性《ちせい》、教養《きょうよう》!!
観察力《かんさつりょく》と推理力《すいりりょく》は天下一品《てんかいっぴん》!!
おまけに、バイオリンの腕《うで》はプロ並《なみ》だ!!
小説家《しょうせつか》、コナン・ドイルの生《う》み出《だ》したシャーロック・ホームズは、
世界最高《せかいさいこう》の名探偵《めいたんてい》だよ!!

コナン・ドイルだけじゃない…オレん家《ち》には、世界中《せかいじゅう》の推理《すいり》小説《しょうせつ》がそろってるぜ!!
どーだ?蘭《らん》も読《よ》んでみるか?
いいわよ、新一《しんいち》の推理《すいり》オタクがうつっちゃうから…
でも、見《み》ろよ、このファンレター…
ニキキッ
みんな、この推理《すいり》オタクが好《す》きだってよ!
あっそ…
女《おんな》の子《こ》にデレデレするのはいいけど…
ちゃんと本命一本《ほんめいいっぽん》に絞《しぼ》りなさいよ!!
本命《ほんめい》かー…
チラ
………
まったくねー…
なによー、人《ひと》の顔《かお》ジロジロ見《み》ちゃってー…
え?
い、いや別《べつ》に…
いい気《き》になって事件《じけん》に首《くび》つっこんでると、いつか危《あぶ》ない目《め》にあうわよ!!
かもな!
でも、なんで探偵《たんてい》なのよ?
そんなに推理小説《すいりしょうせつ》が好《す》きなら、小説家《しょうせつか》になればいいのに…
オレは探偵《たんてい》を書《か》きたいんじゃない…なりたいんだ!!

9

平成《へいせい》のシャーロック・ホームズにな!!
難事件《なんじけん》であればあるほど、わくわくするんだよ!!
策《さく》をろうした犯人《はんにん》を、追《お》いつめる時《とき》のあのスリル!!あの快感《かいかん》!!
ワックワク
一度《いちど》やったらやめられねーぜ…
探偵《たんてい》はよー!!!
じゃあな!!
ダッ
ねえ、ちょっとー…
明日《あした》の約束《やくそく》、忘《わす》れてないでしょーねー…
約束《やくそく》…?

いったじゃないの!?
わたしが都《と》大会《たいかい》で優勝《ゆうしょう》したら、遊園地《ゆうえんち》に連《つ》れてってくれるって!!
ダッ
あれー、何《なん》の事《こと》?
もお、いいわよ!!
別《べつ》に新一《しんいち》なんかと行《い》きたくなかったし!!
ファンレターの女《おんな》の子《こ》とでも遊《あそ》んでればー…
ジョーダンだよ、ジョーダン!!
怒《おこ》るなよ
ちゃんと覚《おぼ》えてるよ!!
明日《あした》の10時《じ》、トロピカルランド!!
忘《わす》れるわけねーだろ
全部《ぜんぶ》新一《しんいち》のおごりっていうのも、忘《わす》れないでね…
ゲ…
そうだっけ…?
——トロピカルランド——
TROPICAL LAND

そんでよー…
Mystery
ミステリーコースター
ホームズのすごい所《とこ》っていうのはな…
助手《じょしゅ》のワトソンに初《はじ》めて会《あ》った時《とき》、
握手《あくしゅ》しただけで、彼《かれ》が軍医《ぐんい》でアフガンに行《い》ってた事《こと》を見抜《みぬ》いてしまったんだ…
こんな風《ふう》にね…
ギュッ
え？
12
あなた、体操部《たいそうぶ》に入《はい》ってますね？
ドキッ
ど、どうしてそれを…？
なに、この子《こ》知《し》り合《あ》い？
さあ…？
？？
彼女《かのじょ》の手《て》のマメさ！女《おんな》の人《ひと》で、指《ゆび》にあれだけマメのできるのは、鉄棒《てつぼう》やってる人《ひと》ぐらいだよ!!
でも、テニスやっててもマメぐらい…
なーんて、本当《ほんとう》は、さっきあの人《ひと》のスカートが風《かぜ》でめくれた時《とき》に見《み》ちゃったのさ！段違《だんちが》い平行棒経験者《へいこうぼうけいけんしゃ》の足《あし》の付《つ》け根《ね》にできる、独特《どくとく》のアザをな…
どんな時《とき》でも観察《かんさつ》を怠《おこた》らないのが探偵《たんてい》の基本《きほん》だぜ…
えらそーに…握手《あくしゅ》する前《まえ》からわかってたなんて、インチキよ!!

オイコラ！オレのダチにちょっかい出《だ》してんじゃねーぞ!!
お、お友達《ともだち》だったんですか…
なんなら、列《れつ》かわってあげましょーか？
い、いいわよ別《べつ》に…
あの二人《ふたり》のじゃましちゃ悪《わる》いしね♡
………
蘭《らん》…実《じつ》はオレ、前《まえ》からおまえの事《こと》…
新一《しんいち》、わたしもよ…
ほら早《はや》く、次《つぎ》よ次《つぎ》!!
それでな…
その時《とき》ホームズは…
どけ！
オレ達《たち》が先《さき》だ!!
わっ
わかるか？コナン・ドイルはきっと、こういいたかったんだ…
ホームズって奴《やつ》はな…
………
もー、ホームズだのコナン・ドイルだの、いいかげんにしてよ!!!
この推理《すいり》オタク!!!

わたしは、新一《しんいち》と来《く》るの、ずーっと楽《たの》しみにしてたのにさ!!
どうして、わたしの気持《きも》ちに気《き》づいてくれないの?
ら、蘭《らん》…
あ、あ、あのさ…じ、実《じつ》はオレも…
クックック…
バーカ、何《なに》あせってんのよ!!
ウソに決《き》まってるでしょー!!
キャハハハ
え?
こんな手《て》にひっかかってるよーじゃ、探偵《たんてい》はつとまんないわよ♡
発車《はっしゃ》しまーす!!
ピーッ
でもね……
ゴトン
ガタン

楽《たの》しみにしてたのは、ホントだよ!!
え?
へ?
き…
ガタン
お?
きゃあああ!!

ズオオオオ
いやああ!!
ゴオオオオ
ピチャ
え?
なんだ?
水《みず》か?
うげっ!!!
へ?
わっ
きゃー!!
何《なに》よ、このあったかいの!?
暗《くら》くて、何《なに》も見《み》えなーい!!
なんだ!?
どうした!?
ゴオオ
ゴオ

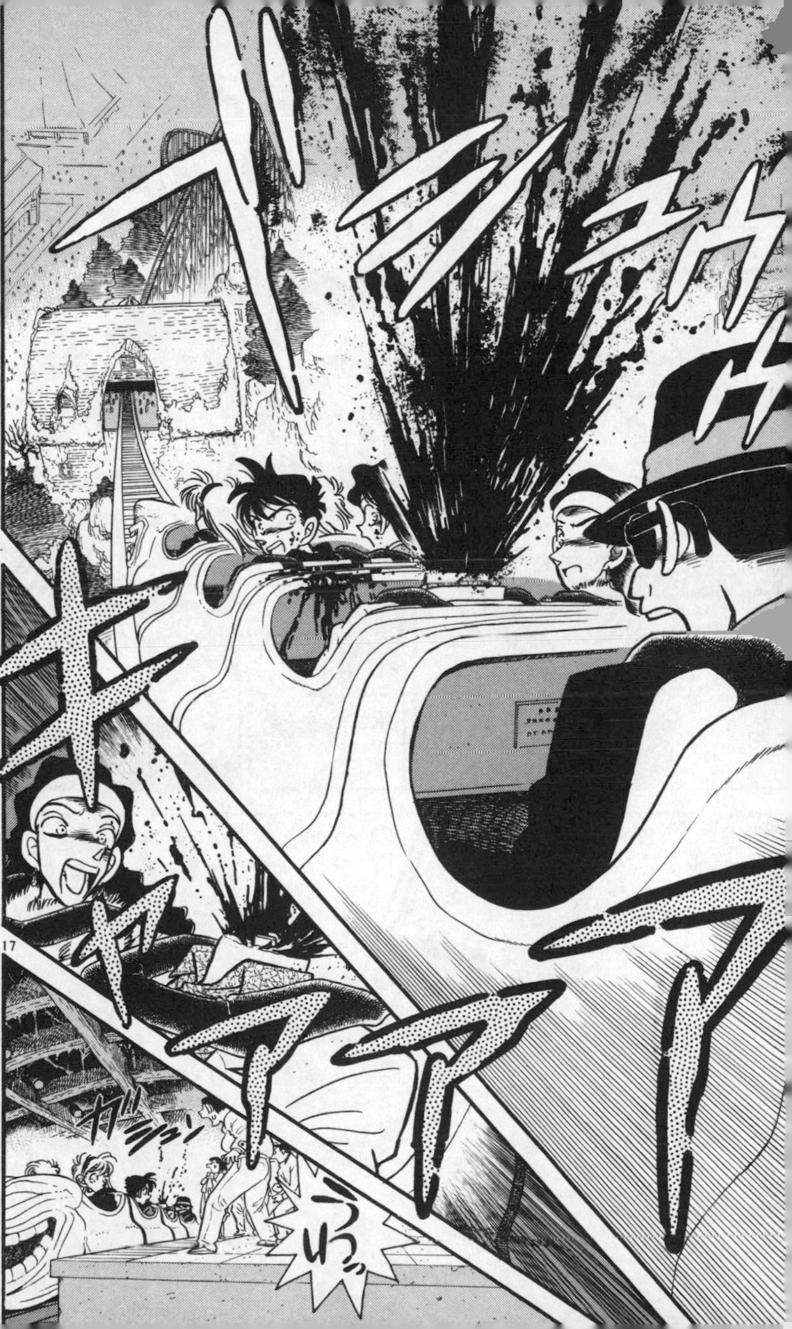
ブシュウウ
キャアア

じ、事故《じこ》だ!!
救急車《きゅうきゅうしゃ》を呼《よ》べ!!
警察《けいさつ》にも連絡《れんらく》しろ!!
ど、どうして岸田君《きしだくん》が……
ううっ……
ひどい……
新一《しんいち》……
……
ア、アニキ……
フン…運《うん》の悪《わる》い奴《やつ》め…
まて!! これは事故《じこ》じゃない!!!
殺人《さつじん》だ!!!
そして犯人《はんにん》は…
被害者《ひがいしゃ》とコースターにいっしょに乗《の》った…

18

この七人《しちにん》の中《なか》にいる!!
し、新一《しんいち》…
ケッ…つきあってらんねーぜ!!
どけどけ!!警察《けいさつ》だ!!
や、やべ……
おー、工藤君《くどうくん》じゃないか!!
あ、目暮《めぐれ》警部《けいぶ》…
なに、工藤《くどう》!?
おお!!あれが有名《ゆうめい》な高校生探偵《こうこうせいたんてい》、工藤新一《くどうしんいち》か!!
迷宮《めいきゅう》入《い》りの難事件《なんじけん》を、次々《つぎつぎ》と解決《かいけつ》してるっていう…
日本警察《にっぽんけいさつ》の救世主《きゅうせいしゅ》!!
ちょっと来《き》て来《き》て!!工藤君《くどうくん》よ、工藤君《くどうくん》♡
お手並《てなみ》、拝見《はいけん》させてもらおうぜ!!

では、こういう事《こと》かね工藤《くどう》君《くん》…
ジェットコースターそのものには、事故《じこ》や故障《こしょう》の痕跡《こんせき》はまったくないし…
状況《じょうきょう》からみて、自殺《じさつ》の線《せん》もうすい…
そうです、警部《けいぶ》！これはあきらかに殺人《さつじん》です…
君《きみ》と蘭君《らんくん》はとりあえず除外《じょがい》して考《かんが》えると、容疑者《ようぎしゃ》は五人《ごにん》!!
一列目《いちれつめ》に乗《の》っていた、被害者《ひがいしゃ》の友人《ゆうじん》A《エー》と、
同《おな》じく友人《ゆうじん》B《ビー》…
被害者《ひがいしゃ》と同《おな》じ三列目《さんれつめ》に乗《の》っていた、被害者《ひがいしゃ》の友人《ゆうじん》であり、恋人《こいびと》でもあるC《シー》…
そして、被害者《ひがいしゃ》の後《うし》ろに乗《の》っていた黒《くろ》ずくめの男《おとこ》、D《ディー》とE《イー》…
B
A
C
D
E
でも、そうなると全員《ぜんいん》セーフティーガードをして身動《みうご》きがとれなかったのだから、
殺害《さつがい》できたのは、被害者《ひがいしゃ》のとなりに座《すわ》っていたあの女性《じょせい》だけとなるが…
おい、早《はや》くしてくれ!!
ア、アニキ……
オレ達《たち》や、探偵《たんてい》ゴッコにつきあってるヒマなんかないんだぜ…
!?

なんだ、こいつの凍《こお》りつくような目《め》は!!
平気《へいき》で何人《なんにん》も殺《ころ》してきたような目《め》だ!!
こ、こいつはいったい!?
警部《けいぶ》!! この女性《じょせい》のバッグからこんな物《もの》が!!
!?
う、うそ…
わたし、知《し》らないわよ!!
こんな物《もの》!!
わたしわたし…
……
あ、愛子《あいこ》…
なんでそんな事《こと》しちゃったのよ…
!?

21

ち、ちがう!!
わたしじゃない!!!
岸田君《きしだくん》とはうまくいってたと思《おも》ってたのに…
なんで…
おらおら、犯人《はんにん》はそのアマで決《き》まりだ!!
早《はや》くオレ達《たち》を帰《かえ》してくれ、刑事《けいじ》さんよ!!
なーんだ…思《おも》ったより、簡単《かんたん》に犯人《はんにん》が見《み》つかったわね…
………
オレもあの女《おんな》がクサイと思《おも》ってたぜ…
恋人同士《こいびとどうし》のケンカが原因《げんいん》かー…
女《おんな》は怖《こわ》いねー…
!?
ピキャ
よーし、その女性《じょせい》を容疑者《ようぎしゃ》として連《つ》れて行《い》け!!
まってください、警部《けいぶ》…
そ、そんな…
犯人《はんにん》は、その人《ひと》じゃありません…
犯人《はんにん》は…

22

あなただ!!!
な!?
何《なに》いってるのよ、愛子《あいこ》のバッグから刃物《はもの》が出《で》てきたのを見《み》たでしょ!?
あんな物《もの》で、人間《にんげん》の首《くび》は切断《せつだん》できませんよ…
特《とく》に、女性《じょせい》の力《ちから》ではね…
それに、もし彼女《かのじょ》が犯人《はんにん》なら、凶器《きょうき》を捨《す》てるチャンスは、いくらでもあったはずだ!!
わざわざ布《ぬの》にくるんで、バッグの中《なか》に隠《かく》す必要《ひつよう》はないですよ…
あれは、あなたがあらかじめあの人《ひと》のバッグに入《い》れた物《もの》じゃないんですか?
バ、バカな事《こと》いわないで!!
わたしの乗《の》ってた席《せき》は、死《し》んだ岸田君《きしだくん》の前《まえ》の前《まえ》よ!!
どーやって首《くび》が斬《き》れるっていうの?
だいいち、あなたが今《いま》いったじゃない!女《おんな》の力《ちから》じゃできないって…
確《たし》かに女性《じょせい》の力《ちから》だけでは無理《むり》だ…

23

だが!! コースターのスピードとピアノ線《せん》か鋼鉄《こうてつ》の輪《わ》を利用《りよう》すれば、
可能《かのう》だ!!!
!?
………
警察《けいさつ》の方達《かたたち》、ちょっと手伝《てつだ》ってください…
いいですか、みなさん…
ボクが犯人《はんにん》で、警部《けいぶ》が被害者《ひがいしゃ》ですよ…
うむ…
24
まず、セーフティーガードをおろす前《まえ》にバッグのような物《もの》を背中《せなか》にはさみ、
ガードをおろす…
すると、ほら! スキ間《ま》ができて、
簡単《かんたん》にぬけられる…
次《つぎ》に、あらかじめ用意《ようい》しておいた、輪《わ》にフックのような器具《きぐ》を取《と》り付《つ》けた物《もの》をとり出《だ》し、

そして、ガードに足《あし》をかけ、体《からだ》を後《うし》ろに伸《の》ばし、
被害者《ひがいしゃ》の首《くび》にかける…
もちろん真《ま》っ暗《くら》なトンネルの中《なか》でね…
仕上《しあ》げに輪《わ》の先《さき》に付《つ》いてるフックをレールにひっかけ、
ガシャ
あとはコースターのスピードとパワーが、
首《くび》をふっとばしてくれるってわけですよ…
で、でたらめよ!! 何《なに》を証拠《しょうこ》に!?
では、お聞《き》きしますが…
乗《の》る前《まえ》にあなたがつけてた真珠《しんじゅ》のネックレス…
いったいどこへいったんですか!?
おそらく、あなたはネックレスのヒモをピアノ線《せん》に変《か》え、
それに取《と》り付《つ》けたフックは、バッグの中《なか》に隠《かく》していた!!
さらに、あなたは体操《たいそう》をやっている!!
ほかの女性《じょせい》ならともかく、バランス感覚《かんかく》の鍛《きた》えられたあなたなら、コースターの上《うえ》でもこれくらいの事《こと》はできる!!
ちょっと、いいかげんにしてよ!!

25

じゃあ、あの二人《ふたり》はどーなのよ？
同《おな》じ手口《てぐち》なら、後《うし》ろにいたあの人達《ひとたち》の方《ほう》が、簡単《かんたん》にできるんじゃない？
ドキ
あの二人《ふたり》はいかにも怪《あや》しいが、シロだ!!
何者《なにもの》かは知《し》らないが…
警察《けいさつ》が来《き》たとたんに、あんなにオロオロするのは変《へん》だ!!
もし犯人《はんにん》なら、こうなる事《こと》はわかっていたはずですからね!!
そう…
犯人《はんにん》は被害者《ひがいしゃ》が死《し》ぬのを知《し》っていたんですよ…
だから、殺《ころ》す前《まえ》に涙《なみだ》を流《なが》した…
ピチャ
!?
トンネルを出《で》て、被害者《ひがいしゃ》が死《し》んだとわかってから、ここに着《つ》くまでおよそ2、3秒《びょう》…
つまり、コースターに乗《の》っているうちに大粒《おおつぶ》の涙《なみだ》を流《なが》せるのは犯人《はんにん》以外《いがい》にない…
じゃあ、あんたひとみがコースターの上《うえ》で泣《な》いてるのを見《み》たっていうの？
それが証明《しょうめい》できる!?
彼女《かのじょ》の涙《なみだ》の跡《あと》が動《うご》かぬ証拠《しょうこ》だ…
ジェットコースターにでも乗《の》っていないかぎり…

涙《なみだ》は、横《よこ》には
流《なが》れないいん
ですよ…
!!
み…
みんな
……
みんな、
あの人《ひと》が
悪《わる》いの
よー!!
ひ、ひとみ…
あなた、岸田君《きしだくん》と
つき合《あ》って
いたの…?
そうよ!!
大学《だいがく》で
あなた達《たち》に会《あ》う
ずーっと前《まえ》から、
私達《わたしたち》は愛《あい》し合《あ》って
いたわよ!!
それを
愛子《あいこ》に…
こんな女《おんな》に
乗《の》り換《か》える
から…
だから
だから…
あの人《ひと》が
わたしを
捨《す》てるから!!
あの人《ひと》と
最初《さいしょ》に
デートした
この場所《ばしょ》で…
あの人《ひと》に
もらった
ネックレス
で…
愛子《あいこ》に罪《つみ》を
かぶせて…

殺《ころ》してやりたかったのよ——!!!
その後《ご》、彼女《かのじょ》のバッグから大量《たいりょう》の睡眠薬《すいみんやく》が出《で》てきた…
どうやら、この後《あと》ここで死《し》ぬつもりだったらしい…
2時間後《じかんご》にはトンネルの中《なか》から…
犯行《はんこう》に使《つか》われたネックレスも発見《はっけん》された…
ヒモは、やはりピアノ線《せん》で、真珠《しんじゅ》はほとんど飛《と》び散《ち》り、
残《のこ》ったものは、夕日《ゆうひ》を浴《あ》びてあわい光《ひかり》をはなっていた…
まるで、大粒《おおつぶ》の涙《なみだ》のように………

くすん くすん
おいおい、もう泣《な》くなよ…
あんたは、よく平気《へいき》でいられるわね…
ぐずっ
オ、オレは現場《げんば》で見慣《みな》れているからバラバラ死体《したい》とか…
サイテー!!
えーん
は、早《はや》く忘《わす》れた方《ほう》がいいよ
ほら…
よくある事《こと》だから…
ないわよ、こんな事《こと》!!
ん?
キョロ
キョロ
ザザ
あれはコースターに乗《の》ってた、怪《あや》しい奴《やつ》…
ゴメン、蘭《らん》!! 先《さき》に帰《かえ》っててくれ!!
え?
ダッ
すぐ追《お》いつくからよー!
し…
行《い》っちゃう…
新一《しんいち》…
その時《とき》、わたしはなぜか、そんな予感《よかん》がした…

新一《しんいち》と
これっきり
もう会《あ》えない
ような…
いやな
予《よ》感《かん》が…
またせた
な…
社長《しゃちょう》さん
よー…
ザッ
や、
約束《やくそく》どおり
一人《ひとり》で来《き》た!!
一人《ひとり》で来《き》たのは
知《し》ってるさ…
コースターの
上《うえ》から、確《たし》かめ
させてもらった
からな…
は、早《はや》く
例《れい》の物《もの》を…
あせる
なよ…
金《かね》が
先《さき》だ…

30

ほら！
これで、文句《もんく》あるまい!!
す、すげー一億円《いちおくえん》はあるぞ…
よし、取《と》り引《ひ》き成立《せいりつ》だ!!
さあ、早《はや》くフィルムを…
フィルム？
ほらよ！おまえの会社《トコ》の拳銃密輸《けんじゅうみつゆ》の証拠《しょうこ》のフィルムだ…
ピッ
わっ
悪《わる》い事《こと》はするもんじゃねーぜ!!
おいおい、マジかよ…
う、うるさい、おまえらの組織《そしき》がやってる事《こと》に比《くら》べれば、ワシらなんて…
それ以上《いじょう》いわない方《ほう》が、身《み》のためですぜ…
フッ
だまれ!!このハイエナどもめ!!
探偵《たんてい》ゴッコは…

31

そこまでだ!!!
ア、アニキ…
ひええぇ
こんなガキにつけられやがって…
こいつ、殺《バラ》しやすかい!?
いや、拳銃《チャカ》はまずい!!
さっきの騒《さわ》ぎで、サツが、まだうろついてる!!
こいつを使《つか》おう…
組織《そしき》が新開発《しんかいはつ》したこの毒薬《どくやく》をな…
フフフ…なにしろ死体《したい》から毒《どく》が検出《けんしゅつ》されない…
完全犯罪《かんぜんはんざい》が可能《かのう》なシロモノだ!!
まだ人間《にんげん》には試《ため》した事《こと》がない、試作品《しさくひん》らしいがな…
アニキ、早《はや》く!!
オウ…

あばよ…
名探偵《めいたんてい》!!
ダッ
か、体《からだ》が…
熱《あつ》い!!!
シュウウウ
骨《ほね》が…
溶《と》けてるみてーだ…
シュウウウウウ
ダ…
ダメだ…

33

おーい、ちょっと来《き》てくれ!!
誰《だれ》か死《し》んでるぞ!!!
なに!?
ハハハ…
やっぱ、オレ死《し》んじまったのか…
いや、まだ息《いき》はある!!
救急車《きゅうきゅうしゃ》だ!!
救急車《きゅうきゅうしゃ》を呼《よ》べ!!

い、生《い》きてる……?
そーか、あの薬《くすり》人間《にんげん》には、効《き》かなかったんだ…
ひでー、頭《あたま》から血《ち》が出《で》てるぞ…
ラッキーでやんの…
お?警官《けいかん》だ…
いっぱいいる…
おい、しっかりしろ!!
大丈夫《だいじょうぶ》か!?
こいつは好都合《こうつごう》だ!!
あいつらの悪事《あくじ》を、みんなバラしてやる!!
立《た》てるか?
ボウヤ?
ボ、ボウヤ……!?

へ？

名《めい》探《たん》偵《てい》
コナン
DETECTIVE CONAN

FILE《ファイル》.2 小《ちい》さくなった名探偵《めいたんてい》

大丈夫《だいじょうぶ》か？ボウヤ!!
ボウヤ…？
何《なに》いってんだこいつら…オレは、高校《こうこう》二年生《にねんせい》だぜ…
どうしたんだ、その頭《あたま》のケガ？
ケガ…？そうか、オレあの時《とき》、黒《くろ》ずくめの男《おとこ》に後《うし》ろからなぐられて…
いてて…
え？
お？

2

な!?
なんだ!?
怖《こわ》かったろう…
へ?
でも、オジさん達《たち》が来《き》たから…
もう安心《あんしん》だよ、ボウヤ…
わっ
こ、こいつオレの体《からだ》を軽々《かるがる》と…
えーこちらB《ビー》地点《ちてん》、負傷《ふしょう》してる少年《しょうねん》を発見《はっけん》しました!!
今《いま》から医務室《いむしつ》に運《はこ》びます、どーぞ!!
えー年令《ねんれい》は、6~7歳《さい》!おそらく小学生《しょうがくせい》だと思《おも》われます…
服装《ふくそう》は……
しょ…
3
小学生《しょうがくせい》って誰《だれ》だ!?

ただいまー…
おー、帰《かえ》ったか蘭《らん》…
ヒグ
もぉー!! お父《とう》さん、またこんなにちらかしてー!!
毛利小五郎《もうりこごろう》
蘭《らん》の父《ちち》・探偵《たんてい》
毛利探偵事務所
こんなんだから、仕事《しごと》の依頼《いらい》も来《こ》なくて、母《かあ》さんに逃《に》げられちゃうのよ!!
うるせ——!!
オレは、仕事《しごと》を選《えら》んでんだよ!!
カラン
そういやー、あの探偵《たんてい》きどりのボウズはどうした?
今日《きょう》は、いっしょだったんじゃねーのか?
ヒグ
遊園地《ゆうえんち》から帰《かえ》るまではいっしょだったわよ…
でも途中《とちゅう》で…
わるい蘭《らん》!! 先《さき》に帰《かえ》っててくれ!!
すぐ追《お》いつくからよー!!
どうしたのかしら新一《しんいち》…
ははーん… さては、ケンカしたなー?
ほっとけ、ほっとけ! どーせ探偵《たんてい》なんて、ろくな奴《やつ》がいねーんだからよー!!
お父《とう》さんも探偵《たんてい》でしょ?
毛利探偵事務所

だから、さっきからいってるでしょ!?
オレ、見《み》ちゃったんですよ!! 拳銃密輸《けんじゅうみつゆ》してる奴《やつ》と、それをネタにゆすってる奴《やつ》を!!
でも、もう一人《ひとり》の仲間《なかま》に見《み》つかって…
後《うし》ろから頭《あたま》をガーンと…
コラ、ボウヤ…刑事《けいじ》ドラマの見《み》すぎだぞ!!
オレはボウヤじゃない!! 高校二年生《こうこうにねんせい》だ!!
ハハハハハ…
おい! もしかしたら、家出《いえで》かもしれんぞ!!
こんな子供《こども》が…?
それにしてもこいつらでけーな…
何m《なんメートル》あるんだ?
ズキ
いっ…
ハッ!!
捜索願《そうさくねが》いが出《で》ていないか、確認《かくにん》してみろ!!
くそぉ…あのヤロオ、おもいっきりなぐりやがって…
医務室
MEDICAL ROOM

5

な!?
か、体《からだ》が…
ちぢんでる!?
な、なんで…?
しかたない…
とりあえず本部《ほんぶ》に連絡《れんらく》して、警察《けいさつ》の託児所《たくじしょ》に預《あず》けるか…
た、託児所《たくじしょ》!?
よーしボウヤ!
おじちゃん達《たち》が、いい所《ところ》に連《つ》れてって…

い、
いない!?
窓《まど》だ!! 窓《まど》から逃《に》げた!! 捜《さが》せ!! まだ遠《とお》くには行《い》ってないはずだ!!
ジョーダンじゃない!!
医務室
ダダダ
そんな所《ところ》に預《あず》けられてたまるかよ!!
ウ〜〜…
へ?
ワン ワン ワン
ワン
うわっ、でけー!!
いたぞ!!
くそ!
逃《に》がすな!!
まてボウヤ!!
くそっ!!
くそお!!!

ゴロ
ゴロ
ゴロ
トゥルルル…
トゥルルル…
トゥルルル…
ガチャ
ハイ、工藤新一《くどうしんいち》です…
ただいま外出《がいしゅつ》しております…
ピッピッ
御用《ごよう》の方《かた》は……
おっかしいなー…
まだ帰《かえ》ってないのかなぁ…
グビ
どーせ、あのえれー小説家《しょうせつか》の親《おや》と晩《ばん》メシでも食《く》いに出《で》かけてんだろ?
なにいってんのよ!! 新一《しんいち》の両親《りょうしん》は三年前《さんねんまえ》からアメリカに住《す》んでて、今《いま》は、新一《しんいち》一人暮《ひとりぐら》しなのよ!!
あれー、そうだっけ…?
チン
きっと何《なに》か…
あの後《あと》、何《なに》かあったのよ…
わたし、ちょっと新一《しんいち》の家《うち》に行《い》ってくる!!
ダ
お、おいオレのメシは…

ザァァァ
ハァ
ハァ
ハァ
ハァ
ハァ
たった
これだけ
走《はし》った
だけで…
こんなに息《いき》が
あがっちまう
なんて…
それに
この体《からだ》…
どうしちまったんだ、
オレは!?
!?
まてよ…
確《たし》か、あの時《とき》…
奴《やつ》らがオレを
なぐった
後《あと》で…
フフフ…
組織《そしき》が新開発《しんかいはつ》した
この毒薬《どくやく》を使《つか》おう…
まだ人間《にんげん》には
試《ため》した事《こと》のない
試作品《しさくひん》らしい
がな…
まさか、
あの薬《くすり》を
飲《の》んだせい
で…
まさか
!?

うわっ!!
バカヤロォ!!
道《みち》の真《ま》ん中《なか》をうろうろしやがって!!
気《き》をつけろ、このクソガキがぁ!!
ブロロ..
ハハハ…ガキか…
ザァァァァ
なさけねー…
パシャ
パシャ

工藤
く…
くそ…
オレは、自分《じぶん》の家《いえ》にも入《はい》れねーのかよ…
これじゃー、何《なに》もできねーじゃねーかよ……
へ?
ケホ
ゴホ
ケホ
ゴホ
あ、阿笠博士《あがさはかせ》…
ん? なんじゃ、おまえは…?
オレだよ、オレ! 新一《しんいち》だよ!!
なんじゃ、新一《しんいち》の親戚《しんせき》の子《こ》か…
そういえば、小《ちい》さい頃《ころ》の新一《しんいち》に、よく似《に》とる…
ちがう オレが新一《しんいち》なんだよ!!
ほら、帝丹高校《ていたんこうこう》二年《にねん》の工藤新一《くどうしんいち》…

おーい、新一《しんいち》お客《きゃく》さんだぞー…
ピンポーン
工藤
だ〜〜っ、信《しん》じてくれよ
なんなら、博士《はかせ》の事《こと》をいってやろーか!?
阿笠博士《あがさひろし》52歳《さい》!オレん家のとなりに住《す》んでいる風変《ふうが》わりな発明家《はつめいか》で、
自分《じぶん》じゃ天才《てんさい》といってるけど、作《つく》った物《もの》はガラクタばかり!!
おまけに、おしりのホクロから毛《け》が一本《いっぽん》出《で》てる!!
お、おしりの…
それは、新一《しんいち》しか知《し》らないはず…
まさか新一《しんいち》の奴《やつ》…ワシの秘密《ひみつ》をいいふらしておるんじゃ…
聞《き》いたんじゃなくて、オレが新一《しんいち》だって!!
へんな薬《くすり》飲《の》まされて、小《ちい》さくされちまったんだよ!!
12
薬《くすり》で小《ちい》さく…?
ああ…
ハァ
ハァ
ハァ
フン!
そんな薬《くすり》があれば、ワシが、お目《め》にかかりたいわ!!
来《こ》い、あやしい小僧《こぞう》め!!警察《けいさつ》につき出《だ》してやる!!
ちょ…
じゃー、これならどーだ!?

博士《はかせ》!! あなたは、さっき レストラン「コロンボ」から 帰《かえ》ってきましたね!!
それも、かなり 急《いそ》いで!!
ど、どうして それを!?
博士《はかせ》の服《ふく》ですよ…
前《まえ》の方《ほう》は ぬれた跡《あと》が あるけど、後《うし》ろは、それが ない!!
雨《あめ》の中《なか》、走《はし》って 帰《かえ》ってきた 証拠《しょうこ》ですよ…
それに、ズボンに ドロがはねてる…
この近辺《きんぺん》で ドロがはねる道路《どうろ》は、工事中《こうじちゅう》の「コロンボ」の 前《まえ》だけだ!!
おまけに「コロンボ」 特製《とくせい》のミートソースが ヒゲについてるしね…
き、君《きみ》は…
13
チッチッチッ…
初歩的《しょほてき》な 事《こと》だよ…
阿笠君《あがさくん》♡
し、新一《しんいち》…
まさか、本当《ほんとう》に 新一君《しんいちくん》か!?
だーから、さっきから いってんだろ? 薬《くすり》で小《ちい》さく されたって…
まだ信《しん》じられんが、とりあえず…
話《はなし》は、君《きみ》の家《いえ》の中《なか》で ゆっくり聞《き》こう…
ギィ

け、拳《けん》銃《じゅう》密《みつ》輸《ゆ》!?
ああ…それをネタにゆすってる奴《やつ》らを見《み》ちまったんだよ…
それで、君《きみ》の口《くち》をふさぐために毒薬《どくやく》を…
ダッセー、ガキの頃《ころ》の服《ふく》がピッタリだぜ…
そうか…未完成《みかんせい》だったその薬《くすり》の不思議《ふしぎ》な作用《さよう》で、体《からだ》が小《ちい》さくなってしまったというわけか…
なあ、たのむよ博士《はかせ》!!天才《てんさい》だろ?オレの体《からだ》を元《もと》に戻《もど》す薬《くすり》を作《つく》ってくれよ!!
ムチャいうな
その薬《くすり》の成分《せいぶん》がわからん事《こと》には…
じゃあ、奴《やつ》らの居場所《いばしょ》をつきとめて、あの薬《くすり》を手《て》に入《い》れればいいんだな!!
ああ…その薬《くすり》があれば、何《なん》とかなるかもしれんが…
………
新一君《しんいちくん》!!小《ちい》さくなった事《こと》はワシ以外《いがい》にはいってはならんぞ!!
え?なんで…
君《きみ》が工藤新一《くどうしんいち》だとわかったら、また奴《やつ》らに命《いのち》を狙《ねら》われるじゃろう!!
それに君《きみ》のまわりの人間《にんげん》にも危害《きがい》が及《およ》ぶ!!

いいか!! 君《きみ》の正体《しょうたい》が工藤新一《くどうしんいち》である事《こと》は、ワシと君《きみ》だけの秘密《ひみつ》じゃ!!
決《けつ》して誰《だれ》にもいってはならん!!
もちろん、あの蘭君《らんくん》にもじゃぞ!!
ガチャ
新一《しんいち》ー、いるのー？
え？
もー、帰《かえ》ってるんなら電話《でんわ》ぐらい出《で》なさいよー!!
カギ開《あ》けっぱなしよー!!
ら、ら…
蘭《らん》だ!!!
いかん、早《はや》く隠《かく》れろ!!
か、隠《かく》れろって？どこに？
オタ
オタ
カチャ
あら、阿笠博士《あがさはかせ》…
い、いやー、ひさしぶりじゃのー、蘭君《らんくん》!!

うわー!!
あいかわらずすごい本《ほん》の数《かず》ねー!!
それも、推理小説《すいりしょうせつ》ばっかり…
あ、ああ…新一君《しんいちくん》の父親《ちちおや》は、世界的推理小説家《せかいてきすいりしょうせつか》じゃからのー…
ゴソ
こんな本《ほん》に囲《かこ》まれて育《そだ》ったから、新一《しんいち》が推理《すいり》バカになっちゃうのよ…
うっせえなー…
誰《だれ》? そこにいるの…
い、いやこの子《こ》はその…
マ、マズイ…
!?
父《とう》さんのメガネ!!
変装《へんそう》変装《へんそう》…
クラ
なに、この子《こ》…
もー…
テレ屋《や》さんねー…
ポンポン
コラ! こっち向《む》きなさい!!
やべ!!!

こ、
この子《こ》…
ハハ…

かわいー♡
ムギュ
ム、ムネが…
この子《こ》だーれ？
ワ、ワシの遠《とお》い親戚《しんせき》の子《こ》じゃ…
ボクいくつ？
じゅうろ…じゃなくて…
6歳《さい》!!
小学一年生《しょうがくいちねんせい》かー…
う、うん…
名前《なまえ》はー？
な、名前《なまえ》は新《しん》…
でもなくて…
んー？
え、えーっと…
えーっと……

!?
1 コナン・ドイル傑作選
2 コナン・ドイル傑作選
江戸川乱歩全集
コナン!!!

ボ、ボクの名前《なまえ》は、
江戸川《えどがわ》コナンだ!!!
ハハハ…

コナン…？変《へん》な名前《なまえ》ねー…
ボ、ボクの父《とう》さんがコナン・ドイルのファンだったから、こんな名前《なまえ》を…
コナンねー…
なにがコナンだ!!外国人《がいこくじん》じゃあるまいし……
しかたねーだろ？ほかに思《おも》いつかなかったんだから…
それより新一《しんいち》はー？
さ、さっきまでいたんじゃが…なんか用《よう》があるって外《そと》に…
ふーん…
………
おお、そうじゃ、蘭君《らんくん》!!すまんが少《すこ》しの間《あいだ》、この子《こ》を君《きみ》の家《いえ》で預《あず》かってくれんか？
え？
いやー、この子《こ》の親《おや》が事故《じこ》で入院《にゅういん》したんで、ワシが世話《せわ》を頼《たの》まれとったんじゃが、ワシも一人暮《ひとりぐら》しでなにかと大変《たいへん》なんじゃ…
いいけど、お父《とう》さんに相談《そうだん》してみないと…
おー、そーかそーか！引《ひ》き受《う》けてくれるか!!
バカヤロ!!そんな事《こと》したら、蘭《らん》にオレの正体《しょうたい》が…

まあ聞《き》け!! 君《きみ》の死体《したい》が見《み》つからなかった事《こと》は、いずれ黒《くろ》ずくめの男達《おとこたち》にもわかる…その時《とき》は、この家《いえ》に出入《でい》りしている者《もの》を真《ま》っ先《さき》に疑《うたが》うじゃろう…
?
じゃー、博士《はかせ》の家《いえ》でもいいじゃねーかよ?
ゴニョ
ゴニョ
バカ! 元《もと》の体《からだ》に戻《もど》るには、まず奴《やつ》らの居場所《いばしょ》をつきとめにゃならんといったじゃろ!!
蘭君《らんくん》の家《いえ》は探偵事務所《たんていじむしょ》じゃぞ!!
そうか! 探偵事務所《あそこ》なら…
奴《やつ》らの情報《じょうほう》が、
入《はい》ってくるかも!!!
ボク、ねーちゃん家《ち》がいーー♡
まあ、かわいー♡
オジちゃん、バイバーイ!!
おお!
ふー…
後《あと》は、うまくやるんじゃぞ新《しん》…
いや、コナン君《くん》…

ねえ、コナン君《くん》?
え?
あ?
うん…
なーに? 蘭《らん》ねーちゃん!!
慣《な》れねーな、この名前《なまえ》…
好《す》きな子《こ》いる?
え?
ほら! 気《き》になる子《こ》とかいるでしょ? 学校《がっこう》に…
い、いないよ そんな子《こ》…
おいおい… いきなり、何《なに》いい出《だ》すんだよ このアマは…
わたしは いるよ!!
すっごく 気《き》になる 奴《やつ》…
へー…
それ、ひょっとして…
ククク…
さっき探《さが》してた、新一《しんいち》って兄《にい》ちゃんの事《こと》じゃないの?
……

そうよ!
え…
ちっちゃい頃《ころ》からいじわるで…
いつも自信《じしん》たっぷりで…
推理《すいり》オタクだけど…
いざという時《とき》に頼《たよ》りになって…
勇気《ゆうき》があってかっこよくて…
わたし新一《しんいち》が…
だーい好《す》き♡
でも、これ新一《しんいち》にはないしょだよ!
う、うん…

ここよ わたしの家《いえ》…
そして今日《きょう》から コナン君《くん》の家《いえ》…
うん…
なーんか、カワイイ弟《おとうと》ができちゃったみたいね…
コナン君《くん》には何《なん》でもいえちゃう…
蘭《らん》…
来《き》て…
お父《とう》さんに紹介《しょうかい》するわ…
あ…
あのさ…蘭《らん》…
じ、実《じつ》は…
オレ…
ん?
ほ、
本当《ほんとう》は…

なによ、お父《とう》さん、びっくりするじゃない!!
たたた…
こんな夜中《よなか》にどこに行《い》く気《き》?
また、お酒《さけ》、麻雀《マージャン》? それとも……
フフフ…
仕事《しごと》だ!!!
え?
ニッ
さっき電話《でんわ》があったんだよ!!
娘《むすめ》が黒《くろ》ずくめの男《おとこ》に誘拐《ゆうかい》されたと、親《おや》から依頼《いらい》が来《き》た!!
ダッ
!?
オレの力《ちから》を借《か》りたいってな!!

く…
黒《くろ》ずくめの男《おとこ》!?
ちょっと、お父《とう》さん…
……
ヘイ、タクシー!!
蘭《らん》ねえちゃん、ボク達《たち》も行《い》こう!!
え?
早《はや》く!!
ダッ
ちょ…
弥生町《やよいちょう》の「谷《たに》」っていう、でっかい屋敷《やしき》だ!!
とばしてくれ!!
ブロロロ
フッフッフッ…
事件《じけん》だ!! 事件《じけん》だ!!
事件《じけん》がオレを呼《よ》んでいる…
この名探偵《めいたんてい》・毛利小五郎《もうりこごろう》をなあ!!
〝名《めい》〟じゃなく〝迷《めい》〟探偵《たんてい》でしょ…

え゛!?
なんで、おまえが乗《の》ってんだ!?
わたしじゃないわよ!この子《こ》が勝手《かって》に…
なんだこいつは!?
阿笠博士《あがさはかせ》の親戚《しんせき》の子《こ》よ!!
おりろー!!オレの仕事《しごと》のジャマをする気《き》かーー!!
バカねー!!ここは高速道路《こうそくどうろ》よ!おりられるわけないでしょ!!
お車《くるま》!お車《くるま》!わーい♡
まってろよ黒《くろ》ずくめの男《おとこ》…
おまえらの居場所《いばしょ》をつきとめて、
あの薬《くすり》を手《て》に入《い》れて…
元《もと》の体《からだ》に戻《もど》ったら、
おまえらの悪事《あくじ》を、すべて暴《あば》いてやるからな!!

FILE《ファイル》.3 仲間《なかま》はずれの名探偵《めいたんてい》

これまでの話《はなし》を整理《せいり》すると…
誘拐《ゆうかい》されたのは、この家《いえ》の一人《ひとり》娘《むすめ》谷晶子《たにあきこ》さん、
年齢《ねんれい》10歳《さい》…
誘拐《ゆうかい》した犯人《はんにん》は、全身《ぜんしん》黒《くろ》ずくめの大男《おおおとこ》だったと…
はい…わたしの執事《しつじ》が目撃者《もくげきしゃ》です…
そうなんだね、麻生君《あそうくん》!?
ハ、ハイだんな様《さま》…
ほかに犯人《はんにん》を見《み》た人《ひと》は、いないんですか?
お嬢様《じょうさま》の悲鳴《ひめい》を聞《き》いて皆《みんな》がかけつけた時《とき》には、もう犯人《はんにん》は外《そと》に…
フムフム…
なるほどね…!
え?

では、その時《とき》の様子《ようす》をもっと詳《くわ》しく…
だ、誰《だれ》ですかこの子《こ》…?
いやー、わたしの知《し》り合《あ》いの子《こ》でして…
蘭《らん》!!ちゃんと面倒《めんどう》見《み》てろ!!
?
へ?
ダメよ、コナン君《くん》…わたしのお父《とう》さんの仕事《しごと》の邪魔《じゃま》しちゃ…
う、うん…
やべ…つい、いつものクセで…

その黒《くろ》ずくめの男《おとこ》の顔《かお》は見《み》てないんですか?
あたりが暗《くら》くて、顔《かお》までは…
黒《くろ》ずくめの男《おとこ》!!!
オレの体《からだ》をこんな小《ち》っちゃくしやがった黒《くろ》ずくめの男《おとこ》…
なんとか奴《やつ》らを探《さが》し出《だ》して、元《もと》の体《からだ》に戻《もど》らなきゃ…

では、誘拐《ゆうかい》された時《とき》の状況《じょうきょう》を詳《くわ》しく話《はな》してください…
ハ、ハイ。
あれは、学校《がっこう》から帰《かえ》られたお嬢様《じょうさま》が庭《にわ》で遊《あそ》んでおられた時《とき》でした…
突然《とつぜん》、庭《にわ》の隅《すみ》から黒《くろ》ずくめの男《おとこ》が現《あらわ》れて…
きゃあああ!!!
な!?
この家《いえ》の主人《しゅじん》に伝《つた》えろ!! 娘《むすめ》を返《かえ》してほしければ、一《いっ》か月間《げつかん》、会社《かいしゃ》を閉鎖《へいさ》しろとな!!
もちろん、警察《けいさつ》には絶対《ぜったい》知《し》らせるなよ!!

で？その男《おとこ》の、声《こえ》の特徴《とくちょう》は？
そういい残《のこ》すと、犯人《はんにん》はあそこの木《き》を登《のぼ》って外《そと》に…
ウーム…
た、高《たか》かったような低《ひく》かったような…
？
うーん…あまり、はっきりしませんねー…
こ、こいつ…
てー…
君達《きみたち》は、何《なに》も聞《き》いてないんですか？犯人《はんにん》の声《こえ》とか変《へん》な音《おと》とか…
私達《わたしたち》がかけつけたのは、悲鳴《ひめい》が聞《き》こえた10秒後《びょうご》ぐらいでしたが、その時《とき》は麻生《あそう》さんが…
お嬢様《じょうさま》がさらわれた!! わたしは犯人《はんにん》のあとを追《お》う!! おまえ達《たち》はだんな様《さま》に連絡《れんらく》を!!
と、叫《さけ》んでいる以外《いがい》は何《なに》も…静《しず》かなものでした…
くそー、犯人《はんにん》を見《み》たのも声《こえ》を聞《き》いたのもあのジイさんだけか…
ペコペコ
ガミガミ

犯人《はんにん》の要求《ようきゅう》からみて、おそらく、これはあなたのライバル会社《がいしゃ》の仕業《しわざ》でしょう…
くそぉ…娘《むすめ》をさらった上《うえ》に、金《かね》まで要求《ようきゅう》するとは…
か、金《かね》…?
犯人《はんにん》は、会社《かいしゃ》を閉鎖《へいさ》しろといっただけで、別《べつ》にお金《かね》なんか…
ついさっき、犯人《はんにん》から電話《でんわ》があったんだよ!!
使用済《しようずみ》の札《さつ》で、3億円《おくえん》用意《ようい》しろとな!!!
そ、そんなバカな…
6
その電話《でんわ》の声《こえ》に聞《き》き覚《おぼ》えは?
声《こえ》を変《か》えていたようで、はっきりとは…
だ、だんな様《さま》それは何《なに》かのまちがいでは……?
うるさい!!おまえは黙《だま》ってろ!!
…………

あなたの会社《かいしゃ》を閉鎖《へいさ》して、得《とく》をする会社《かいしゃ》の心《こころ》あたりは？
角紅商事《かくべにしょうじ》か、四井物産《よついぶっさん》あるいは…
トコ
トコ
犯人《はんにん》は、この木《き》を登《のぼ》ったっていってたな…
ウウウ…
うわ!?
わわわ…また犬《いぬ》だ──!!
へ？
ウ〜…
木《き》のそばに…
犬《いぬ》…？

こりゃー、一《ひと》つ一《ひと》つあらっていくしかありませんな…
ねえねえおじちゃん、あそこの犬《いぬ》がね…
うるせぇ――っ!!!
ガキはすっこんでろ!!!
蘭《らん》!!そのガキから目《め》を離《はな》すな!!
はいはい…
ちぇっ…
オレが高校生探偵《こうこうせいたんてい》工藤新一《くどうしんいち》だった時《とき》は、みんなオレの推理《すいり》に感心《かんしん》してくれたのに…
ちっちゃくなった途端《とたん》、誰《だれ》もオレのいう事《こと》聞《き》いてくれやしねえ…
くそっ!!
ポムッ
ポン
ポン
わぁーっ!!
コナン君《くん》、サッカーうまいのね!!まるで新一《しんいち》みたい…
う、うんまあね…
ポン
ポン

新一《しんいち》も考《かんが》え事《ごと》してる時《とき》、よく、それをやってたよ…
これやってると、頭《あたま》がさえるんだ…
パム
ポム
でもなんか変《へん》だぞ…
この事件《じけん》…
犯人《はんにん》はなぜ家《いえ》の中《なか》で誘拐《ゆうかい》したんだ？通学途中《つうがくとちゅう》を狙《ねら》えば、もっと簡単《かんたん》なのに…
それに姿《すがた》まで見《み》られるなんて、不用意《ふようい》すぎる…
ポーン
ポン
ポン
でも、電話《でんわ》の声《こえ》を変《か》えたり、使用済《しようずみ》の札《さつ》を要求《ようきゅう》したり、妙《みょう》に冷静《れいせい》なところもある…

ボム
なぜ!?
!?
そうか!!

ボッ
もしかしたら!!
バムッ
あ!
あのガキまた…
テンテン
やべ…
あとでぶっ殺《ころ》す…
ん?
そそそ…
10
サッ
どこ行《い》くの?

女《おんな》の子《こ》を隠《かく》してる所《ところ》…?
な!?
なんだ!?
なんだこの子《こ》は!?
……
やっぱりそうか!!
この事件《じけん》!!!
でも、あのヘボ探偵《たんてい》にこの事《こと》を気《き》付《づ》かせるには…
!?
ポム

うわっ、なんだ!?
またおまえかー!?
助《たす》けて、おじちゃん!
どう どう…
木《き》のそばに転《ころ》がったボールを取《と》りに行《い》ったら、いきなり、この犬《いぬ》が～～～
当《あた》り前《まえ》か…こんなでかい家《いえ》なら犬《いぬ》の一匹《いっぴき》や二匹《にひき》…
おい おい…
この犬《いぬ》、よその人《ひと》なら誰《だれ》でも吠《ほ》えるみたいだね…
ああ…うちの番犬《ばんけん》は
まてよ…犯人《はんにん》は、この木《き》を登《のぼ》ったはず…
だが、お手伝《てつだ》いさん達《たち》がかけつけた時《とき》には…
麻生《あそう》さんが叫《さけ》んでる以外《いがい》は、何《なに》も音《おと》は…
静《しず》かなものでした…

どこに行《い》くんですか、麻生《あそう》さん？
ギクッ
何《なに》か変《へん》ですなー、あなたのいってる事《こと》は…
………
ザッ
ザッ
犯人《はんにん》が、あの木《き》を登《のぼ》って逃《に》げたのなら、番犬《ばんけん》は吠《ほ》えまくってるはずだ!!
おそらく犯人《はんにん》が逃走《とうそう》した後《あと》も!!
そうそうその調子《ちょうし》…
だが、後《あと》でかけつけたお手伝《てつだ》いさん達《たち》は、あなたの叫《さけ》び声《ごえ》以外《いがい》何《なに》も聞《き》いていない…
それに、犯人《はんにん》を見《み》たはずのあなたの証言《しょうげん》は、あやふやな点《てん》が多《おお》すぎる…
黒《くろ》ずくめの男《おとこ》なんて、最初《さいしょ》からいなかったんじゃないんですか？
麻生《あそう》さん？
いや…

誘拐《ゆうかい》犯人《はんにん》さんよ!!!
ひ〜〜〜っ
麻生《あそう》…きさま…
も…
申《もう》し訳《わけ》ございません、だんな様《さま》〜!!!
お、おのれ…
いったい、何《なん》のためにこんな事《こと》を!?
そ、それは…
誰《だれ》かに頼《たの》まれたのか!?
い、いいいえこれはわたし一人《ひとり》でやった事《こと》で…
で?お嬢《じょう》さんは今《いま》どこに!?
ち、近《ちか》くのホテルに…

よーし、事件解決《じけんかいけつ》だーー!!
お嬢《じょう》さんを迎《むか》えに行《い》くぞーー!!!
ほら！そのホテルに案内《あんない》しろ!!
ハイ…
ち、ちがう…まだだ!!
この事件《じけん》はまだ…
だ、だんな様《さま》、お電話《でんわ》が!!
ん？何《なん》だ、こんな時《とき》に!?
そ、それが…

3億《おく》円《えん》は用《よう》意《い》できたかな…？
だ…
誰《だれ》だ!!
おまえは!?

FILE《ファイル》.4
6本目《ぽんめ》の煙突《えんとつ》

だ、
誰《だれ》だ、おまえは!?
何《なに》をいってる、さっき電話《でんわ》しただろ?
クッ クッ クッ
あんたの娘《むすめ》を誘拐《ゆうかい》した男《おとこ》だよ…
バ、バカな、だって犯人《はんにん》はもう…
きさま、やっぱり仲間《なかま》がいたのか…
いいえ、お嬢様《じょうさま》を誘拐《ゆうかい》したのは、本当《ほんとう》に私一人《わたしひとり》で…
し、信《しん》じてください!!
この人《ひと》のいってる事《こと》は本当《ほんとう》だ…
すぐウソがバレるような単純《たんじゅん》な誘拐事件《ゆうかいじけん》に、仲間《なかま》がいるとは考《かんが》えにくい…

2

女《おんな》の子《こ》は、おそらく第一《だいいち》の誘拐《ゆうかい》にあった後《あと》…
その監禁場所《かんきんばしょ》から、また別《べつ》の誰《だれ》かに誘拐《ゆうかい》されたんだ…
もっと凶悪《きょうあく》な誰《だれ》かに!!!
パパァ、助《たす》けて〜〜っ!!!
あ、晶子《あきこ》…
クックック…オレは気《き》がみじけーんだ…
さっさと3億円《おくえん》用意《ようい》しないと、ガキはぶっ殺《ころ》すぜ…
か、金《かね》はなんとかする…だから晶子《あきこ》の命《いのち》だけは…
ボソボソ
ご主人《しゅじん》、もっと話《はなし》を延《の》ばして犯人《はんにん》の居場所《いばしょ》を聞《き》きだして…
や、やめてくれぃ
い、居場所《いばしょ》……?
!?

誰《だれ》だ!? そこにいるのは!?
まさか、サツじゃねーだろーな!?
ヘタなマネしやがると…
パ、
パパー、わたしがいるのは、学校《がっこう》の倉庫《そうこ》よ!!
な!?
窓《まど》から大《おお》きな煙突《えんとつ》の見《み》える、どこかの学《がっ》…
バシッ
きゃ!!
あ、晶子《あきこ》…
チッ、また後《あと》で電話《でんわ》する!! 早《はや》く金《かね》を用意《ようい》するんだぞ!!
ピッ
晶子《あきこ》お──っ!!!
ケッ
うっうっ…
このガキ、殺《ころ》されてーか!!

窓《まど》から大《おお》きな煙突《えんとつ》の見《み》える、学校《がっこう》の倉庫《そうこ》？
ハ、ハイ…娘《むすめ》は確《たし》かにそういっておりました…
しかし、それだけではどこの学校《がっこう》か特定《とくてい》できん…遠《とお》くに逃《に》げている可能性《かのうせい》もあるし…
ウ〜〜ム。。
まずい…犯人《はんにん》は、場所《ばしょ》を知《し》られて焦《あせ》ってる…
早《はや》く助《たす》けないと女《おんな》の子《こ》が…
でも、しらみつぶしに捜《さが》すには時間《じかん》がないし…
クウン………
いえ!!晶子《あきこ》はどこだ!? さっきの奴《やつ》は、おまえの仲間《なかま》なんだろ!?
そ、そんな…
あ…
5
コ、コナン君《くん》!?
あんなガキ、ほっとけ!!
で、でも…
ダダダ!!

犯人《はんにん》は、たぶん、まだこの辺《あた》りにいる!!
誘拐《ゆうかい》されてからあまり時間《じかん》がたってないし、女《おんな》の子《こ》を連《つ》れてそう遠《とお》くには行《い》けないはずだ!!
ダダダ…
パパパパ
煙突《えんとつ》といえば工場《こうじょう》か銭湯《せんとう》…
この近辺《きんぺん》で、煙突《えんとつ》の見《み》える学校《がっこう》は五《ご》か所《しょ》!!
ダ
急《いそ》げ!!!
──ったく…
おしゃべりなガキだぜ…
んーんー…
クックックッ…
ちがう!!
ちがう!!

ここでもない!!
ハァ
ハァ
くそぉ、全部《ぜんぶ》ハズレだ…
ハァ
ハァ
ハァ
ハァ
どこだ!? いったいどこに…
煙突《えんとつ》の見《み》える学校《がっこう》は、もう残《のこ》ってない…
ハァ
ハァ
やっぱり、この辺《あた》りにはいないのか…?
!?
まてよ…
もしかしたら…
ダダダ
ザッ

!!
こ、これだ——!!
このビルを横《よこ》から見《み》て、煙突《えんとつ》に見《み》まちがえたんだ!!
この近辺《きんぺん》で、このビルがこの角度《かくど》から見《み》える学校《がっこう》は…
!!
ダッ
二《ふた》ツ橋《ばし》中学《ちゅうがく》!!

8

わかったな？
金《かね》は、百神井公園《ひゃくじいこうえん》のベンチにおけ!!
いっとくが、サツの気配《けはい》がしたらガキは、その場《ば》で殺《ころ》す!!
あ、晶子《あきこ》は無事《ぶじ》か〜!?
ああ…金《かね》が入《はい》れば返《かえ》してやる…
た、頼《たの》むもう一度《いちど》…晶子《あきこ》の声《こえ》を…
ピッ
これで商談成立《しょうだんせいりつ》…
おまえの役目《やくめ》も終《お》わりだ…
悪《わる》いが、死《し》んでもらうぜ…
おまえには、顔《かお》を見《み》られちまったからなー…
んーっ、んーっ!!

まてっ!!
ガッ
!?
だ、誰《だれ》だ!?
どこにいる!?
ガッ
ここだ…

なっ!?
ガッ
もう大丈夫《だいじょうぶ》だ…
ピリ…

12

あなた…誰《だれ》？
工藤新一《くどうしんいち》……
じゃなくて…
？
江戸川《えどがわ》コナン!!
探偵《たんてい》さ!!!
た、探偵《たんてい》…？
!?
ジャ、ジャンボ
クゥン…

くそっ…
体《からだ》が小《ちい》さくなったせいで、力《ちから》が全然《ぜんぜん》出《で》ねえ…
テン
テン
!!
クックック…どこのガキだか知《し》らねーが…
おまえもいっしょに始末《しまつ》してやる…
これなら…
どーだっ!!!

ダ、ダメだ!!
クックック……
ちくしょう…キック力《りょく》までなくなっちまってる…
テン テン
これじゃあ…
犯人《はんにん》を追《お》いつめても…

捕《つか》まえられねーじゃねーかよ!!!
ズダ
クックック…
コナン君《くん》!!
く…
くそぉ…

ズズズッ
クックック…
そろそろとどめをさしてやるか…
一人《ひとり》殺《ころ》すも二人《ふたり》殺《ころ》すも同《おな》じだからな…
ハァッ
ハァッ
ハァッ
ハァッ

FILE《ファイル》.5
もう一人《ひとり》の犯人《はんにん》

ドッ
ザッ
ズガッ
バキ
ドッ
コ、
コナン君《くん》!!!
ジャンボ、
お願《ねが》い!!
コナン君《くん》を
助《たす》け…
ジャ、
ジャンボ…?
こんな時《とき》に
どこ行《い》っちゃっ
たのよ…
ジャンボ!!!

ダ、ダメだ…
ククク…
ズ
小《ちい》さくなったこの体《からだ》じゃあ…
ハァ
ハァ
ハァ
犯人《はんにん》を見《み》つけても、
捕《つか》まえる事《こと》もやっつける事《こと》も…
何《なに》もできねーっ!!!
3
遊《あそ》びは終《お》わりだ…
ハァ
ハァ
ハァ
ザ

はじけろや…
やめてー!!

ブォオオ
や、
殺《や》られる!!!
ガッ

!?
ら、
蘭《らん》!?
アアア…

タッ
!?

ダッ
ふーっ…
つ、強《つえ》えー…

ガラ
蘭《らん》!! お嬢《じょう》さんは無事《ぶじ》か!?
うん! なんとか間《ま》に合《あ》ったみたい…
でも、コナン君《くん》が…
ハア
ハア
ハア
こ、このくらいへっちゃらだよ…
それより、よくここがわかったね…
あの犬《いぬ》が教《おし》えてくれたのよ!
クゥン
ジャンボ♡
さっき、あの犬《いぬ》が傷《きず》だらけで帰《かえ》って来《き》てね…
あら? どーしたの、そのケガ…
ん? その靴《くつ》は……
晶子《あきこ》の靴《くつ》!!
よーし、この犬《いぬ》の後《あと》を追《お》うんだ!!
ダッ
きっとその先《さき》には、お嬢《じょう》さんがいるはずだ!!
――というわけよ…
な、なるほどね……

晶子《あきこ》!!
ハァ
ハァ
ハァ
ハァ
ハァ
ハァ
パ、パパ…
パパァ!!
よしよし、もう大丈夫《だいじょうぶ》だ…
お、お嬢様《じょうさま》…
ハァ
ハァ
ハァ
御無事《ごぶじ》でなにより…
オッ
フン…何《なに》をいってる麻生《あそう》さん…
あんたの仲間《なかま》は、このとおり捕《つか》まった!あんたも観念《かんねん》するんだな!!
仲間《なかま》だと?
オレは、ホテルにいたあのガキを、たまたまさらっただけだ…
仲間《なかま》なんていねーぜ…
なんだと? じゃあ、おまえはお嬢《じょう》さんが監禁《かんきん》されていた場所《ばしょ》から、また誘拐《ゆうかい》を!?
監禁《かんきん》!? 笑《わら》わせんな!! あのガキ、ホテルのレストランで一人《ひとり》でのんびりメシ食《く》ってたぜ…
どういう事《こと》だ? じゃあ、最初《さいしょ》の誘拐《ゆうかい》事件《じけん》はいったい…?
やっぱり、そうか! あの子《こ》は、誘拐《ゆうかい》されたんじゃない…
最初《さいしょ》あの子《こ》は…
あのね、パパ…本当《ほんとう》は…
い、いけません、お嬢様《じょうさま》
何《なん》だ、きさま、まだいたのか? とっととワシの前《まえ》から…
ひっ

やめてパパ!!
麻生《あそう》さんは
悪《わる》くないよ!!
お、
お嬢様《じょうさま》…
悪《わる》いのは
晶子《あきこ》よ!!
な!?
だって
この誘拐事件《ゆうかいじけん》を
考《かんが》えたのは、
晶子《あきこ》
なんだもん!!
!?
!?

三年前《さんねんまえ》にママが死《し》んでからも、パパは仕事《しごと》ばっかり………
全然《ぜんぜん》晶子《あきこ》にかまってくれない…
いつも一人《ひとり》でさみしかったよ…
だから…
パパの会社《かいしゃ》が休《やす》みになったら、パパといっしょにいられると思《おも》って、
麻生《あそう》さんに手伝《てつだ》ってもらってこの誘拐事件《ゆうかいじけん》をおこしたの…
「娘《むすめ》を返《かえ》してほしければ、会社《かいしゃ》を一《いっ》か月間《げつかん》閉鎖《へいさ》しろ」ってね…
この計画《けいかく》、麻生《あそう》さんは反対《はんたい》してたのに、ムリヤリ晶子《あきこ》がお願《ねが》いしたの!!
だから悪《わる》いのは晶子一人《あきこひとり》よ!!
怒《おこ》るんなら晶子《あきこ》を怒《おこ》って!!
パパ!!
なるほど…
最初《さいしょ》の誘拐《ゆうかい》は、狂言《きょうげん》だったというわけか…
麻生《あそう》…
いくら娘《むすめ》に頼《たの》まれたとはいえ、おまえのやった事《こと》は許《ゆる》し難《がた》い…
ハ、ハイ…
罰《ばつ》として…

12

ただちに明日《あした》から一週間《いっしゅうかん》の旅行《りょこう》を手配《てはい》しろ!!
場所《ばしょ》は、晶子《あきこ》の行《い》きたがっていたオーストラリア!!
晶子《あきこ》とワシの二人分《ふたりぶん》だ!!
パパ!!
だんな様《さま》!!
人数《にんずう》はもちろん、
いやまてよ、今週《こんしゅう》は重役会議《じゅうやくかいぎ》が…
来週《らいしゅう》は株主総会《かぶぬしそうかい》…
その次《つぎ》も……
パパァ…?
だ、だんな様《さま》…
い いつか必《かなら》ずなっ!!
なにはともあれ、一件落着《いっけんらくちゃく》ですなー!!
いやー、犬《いぬ》を放《はな》して、娘《むすめ》の居場所《いばしょ》を捜《さが》させるとはさすが名探偵《めいたんてい》!!
このジャンボは、晶子《あきこ》に一番懐《いちばんなつ》いておりましたからな───…
ハイ?
ちぇっ…犬《いぬ》を連《つ》れてったのはオレなのに…
それに、犬《いぬ》を使《つか》ったのは捜索時間《そうさくじかん》を短縮《たんしゅく》するためだけで、
女《おんな》の子《こ》を見《み》つけたのは、この工藤新一《くどうしんいち》なんだよ…
でも、このおっちゃんの性格《せいかく》からしてきっと…

いやー、すべてわたしの経験《けいけん》のタマモノですよ!!
——っていうに決《き》まってんだ…
く〜〜〜っ!!
では、このお礼《れい》はまた後日《ごじつ》…
ハイハイ、待《ま》ってますよ——♡
あ…
ありがと…
探偵《たんてい》さん♡
14
た、探偵《たんてい》さん?
い、いや、ボクじゃなくて…
おじさんの事《こと》だよ、きっと…

ハッハッハッハ!!
ブオオオ…
今日《きょう》は、最高《さいこう》の一日《いちにち》だった な――!!
ちぇっ… よくいうよ…
こっちは、変《へん》な薬《くすり》を飲《の》まされて、体《からだ》を小《ちい》さくされるわ…
誘拐犯人《ゆうかいはんにん》にボコボコに殴《なぐ》られるわ…
最低《さいてい》の一日《いちにち》だったぜ…
でさあ、お父《とう》さん!
この子《こ》の事《こと》だけど…
ん?
阿笠博士《あがさはかせ》が、ウチで預《あず》かってくれないかって…
ん~~~?
ハハハ…

おう!! いいぞ いいぞ!!
こいつがいると、なぜか事件《じけん》がスムーズに解決《かいけつ》する!!
何日《なんにち》でも預《あず》かってやるぞ!!
なんか知《し》らんが、ラッキー…
これで、おっちゃんの探偵事務所《たんていじむしょ》で黒《くろ》ずくめの男《おとこ》の事《こと》が探《さぐ》れるぜ……
でも、このままじゃダメだ…
犯人《はんにん》を見《み》つけたのはオレだけど………
結局《けっきょく》、その後《あと》何《なに》もできなかった……
ましてや、女《おんな》の子《こ》に助《たす》けられるなんて…
これじゃー、立場《たちば》があべこべだぜ…
カアアアン
なんとか…
なんとかしなきゃ…

FILE《ファイル》.6 迷探偵《めいたんてい》を名探偵《めいたんてい》に

ジリリリリ…
毛利探偵事務所
ふぁぁぁ…
オレの体《からだ》が小《ちい》さくなってから、もう三日目《みっかめ》…
黒《くろ》ずくめの男《おとこ》の情報《じょうほう》は、未《いま》だに入《はい》って来《こ》ない…
──ったく、それが目的《もくてき》で探偵事務所《ここ》に潜《もぐ》り込《こ》んだのに…
当《とう》の探偵《たんてい》があれじゃー…
ギィ
クックックッ…

ワッハッハッハッハッ!!
奴《やつ》らの情報《じょうほう》どころか、一件《いっけん》の依頼《いらい》も来《こ》ねーぜ…
おっ、ヨーコちゃんだ!!
ピーピー
相変《あいか》わらず、かわいいよ──♡
ハハハ…
いい歳《とし》こいて、あのヒゲオヤジ…
中野ヨーコ
ボ、ボク、ちょっと外《そと》に遊《あそ》びに行《い》って来《く》るね…
ゴーゴーヨーコ!!
ガチャ
レッツゴーヨーコ──♡
ダメな大人《おとな》の見本《みほん》だな…
偵事務所

ハハハハハ!!
そんなにダメかね、毛利《もうり》探偵《たんてい》は!!
ああ…あのおっちゃん、全然役《ぜんぜんやく》にたたねーぜ!!
まあ、そういうな…あれでも昔《むかし》は敏腕刑事《びんわんけいじ》だったんじゃから…
くっそー、こっちは、早《はや》く黒《くろ》ずくめの男《おとこ》を探《さが》し出《だ》して、オレの体《からだ》を小《ちい》さくした薬《くすり》を、手《て》に入《い》れなきゃいけねーっていうのによー!!
まーまー、焦《あせ》るな新一君《しんいちくん》…
奴《やつ》らは、君《きみ》を殺《ころ》そうとしてその薬《くすり》を使《つか》ったのじゃ…君《きみ》の死体《したい》がないとわかれば、必《かなら》ず動《うご》き出《だ》す!!
それまでの辛抱《しんぼう》じゃ!!焦《あせ》ってこっちから動《うご》く事《こと》はない…
それより、この事《こと》はワシ以外《いがい》にはいっとらんじゃろうな…
もし、君《きみ》の正体《しょうたい》が工藤新一《くどうしんいち》だとバレたら…
わかってるよ!!
オレだけじゃなく、オレのまわりの人達《ひとたち》も危《あぶ》ないっていうんだろ?
心配《しんぱい》すんな!ちゃんと蘭《らん》にもおっちゃんにも、江戸川《えどがわ》コナンでとおしてるよ!!

おお…蘭君《らんくん》といえば、昨日《きのう》もウチに来《き》たぞ…
え？
あれは、夕方《ゆうがた》だったかのう…
どうしよう博士《はかせ》!!
新一《しんいち》、今日《きょう》も学校《がっこう》に来《き》てないのよ!!
家《うち》にもずっと帰《かえ》ってないみたいだし、
わたしと遊園地《ゆうえんち》に行《い》った日《ひ》から、行方不明《ゆくえふめい》なのよ!!
わ、わたしどうしたら…
どうしたらいいの!?
ど、
どうしたらって…
そういえば、あの日《ひ》、新一《しんいち》妙《みょう》に黒《くろ》ずくめの人達《ひとたち》の事《こと》を気《き》にしてたから…
もしかしたら、あの後《あと》あの人達《ひとたち》に…
わたし、やっぱり警察《けいさつ》に知《し》らせて来《く》る!!
ま、まて、はやまるな!!
ダッ

なーに、あいつの事《こと》じゃ…また変《へん》な事件《じけん》に首《くび》をつっこんでおるんじゃろう…
心配《しんぱい》無用《むよう》じゃ!! どーせ、そのうちひょっこり帰《かえ》って来《く》るよ!!
そ、そうだよね……
——と、とりあえずゴマかしたが、どこまで隠《かく》しとおせるか…
蘭《らん》…
あいつ…家《いえ》じゃ、そんな素振《そぶ》り見《み》せなかったのに…
おまちどー♡
まあ、とにかく早《はや》く元《もと》の体《からだ》に戻《もど》らにゃならんのー…
ああ…
このままじゃ、何《なに》もできないし…
それに…
蘭《らん》をこれ以上《いじょう》心配《しんぱい》させないためにも…
6
おお、そうじゃ!!
ガサ
君《きみ》の捜査《そうさ》の役《やく》にたつと思《おも》って、作《つく》った物《もの》を…
?
ゴソ
これじゃ!!
なんだよ、それ?

蝶《ちょう》ネクタイ型《がた》変声機《へんせいき》じゃ!!
へ、変声機《へんせいき》?
裏《うら》に付《つ》いてるダイヤルをまわせば、色々《いろいろ》な声《こえ》が出《だ》せるのじゃ!!
へー…
老人《ろうじん》の声《こえ》も、子供《こども》の声《こえ》も、男《おとこ》も女《おんな》も、それ一《ひと》つでバッチリじゃ!!
あー…
あー…
あー…
きっと役《やく》にたつぞ!!
なあ博士《はかせ》!これもいいけど、もっとすげー物《もの》作《つく》ってくれないか?
ん?
犯人《はんにん》を一発《いっぱつ》で捕《つか》まえられるよーな、
すっげーメカをよー!!
わかるだろ?オレ、小《ちい》さくなって体力《たいりょく》も落《お》ちてんだ…だから犯人《はんにん》見《み》つけても捕《つか》まえられねーんだよ…
よしわかった、ワシに任《まか》せろ!考《かんが》えておこう!!
けど、せっかく作《つく》ってもらっても、あの依頼《いらい》の来《こ》ない探偵事務所《たんていじむしょ》じゃ、使《つか》い道《みち》がなかったりして…
それは新一君《しんいちくん》次第《しだい》じゃ!!

君《きみ》が陰《かげ》でがんばって、事件《じけん》を次々《つぎつぎ》と解決《かいけつ》して、
あの毛利君《もうりくん》を名探偵《めいたんてい》に仕立《した》てあげるのじゃ!!
そうすれば彼《かれ》の名《な》も上《あ》がり、依頼《いらい》もバンバン来《く》るようになる!!
あのおっちゃんを…
名探偵《めいたんてい》にね——…
あら、おかえりコナン君《くん》…
毛利探偵事務所
無理《むり》だな、このおっちゃんに名探偵《めいたんてい》なんて…
おなか空《す》いたでしょ？今《いま》、作《つく》るからね！
ふあ？
わわわ
？
アイドルゴロゴロ!!
ピッ

ヨーコちゃーん♡
絶対《ぜったい》に無理《むり》だ…
ピンポーン
ん？誰《だれ》だ、この忙《いそが》しい時《とき》に…
ハイ、毛利《もうり》探偵《たんてい》事務所《じむしょ》ですが…
チャリ
ちょ、ちょっとご相談《そうだん》したい事《こと》が…
あーダメダメ、今日《きょう》は閉店《へいてん》だ!!
仕事《しごと》の依頼《いらい》なら、また明日《あした》…
出直《でなお》して………
!?
あ…あ…あなた…
ま、まさか…

沖野《おきの》ヨーコ!?
は、はい…
だ、だって、今《いま》テレビに…
え?
あれは録画《ろくが》です…
ア、アイドルがどうしてウチに…?
だから、仕事《しごと》の依頼《いらい》に…
い、依頼《いらい》…
ドドド
バン
ゴガガ
ドカ
……
チャ

何《なに》か、お困《こま》りのようですな、お嬢《じょう》さん…
?…
は、はい…
誰《だれ》、あんた…
実《じつ》は…
毛利探偵事務所
誰《だれ》かに監視《かんし》されてる!?
はい…
週刊誌《しゅうかんし》の記者《きしゃ》か、なんかじゃないいんですか?
わたしも最初《さいしょ》は、そう思《おも》いました…
でも、行動《こうどう》がちょっと不気味《ぶきみ》で…
それに、それだけじゃないんです…

11

家《いえ》に帰《かえ》ると、家具《かぐ》の位置《いち》がかわってたり…
わたしを隠《かく》し撮《ど》りした写真《しゃしん》が送《おく》られて来《き》たり…
無言電話《むごんでんわ》なんて、しょっちゅう…
昨日《きのう》なんか、いきなり夜道《よみち》で誰《だれ》かに追《お》っかけられて…
わたし怖《こわ》くて怖《こわ》くて、このままじゃ夜《よる》もろくに寝《ね》られません!!
お、おのれ、ヨーコさんになんて事《こと》を…
あのー、この件《けん》はできれば内密《ないみつ》に調査《ちょうさ》していただきたいのですが…
警察《けいさつ》ざたになりますと、彼女《かのじょ》のイメージが…
あんた誰《だれ》…?
も、申《もう》し遅《おく》れました…
彼女《かのじょ》のマネージャーの山岸《やまぎし》です…
山岸栄一
フーン、マネージャーねー…

12

承知《しょうち》しました！極秘《ごくひ》に調査《ちょうさ》するとしましょう!!
あ、ありがとうございます!!
では、ここに住所《じゅうしょ》と電話番号《でんわばんごう》をお書《か》きください…
は、はい！
そして、これにサインを…
はい？
「小五郎《こごろう》さんへ」も忘《わす》れないで…
なーに、この名探偵《めいたんてい》・毛利小五郎《もうりこごろう》に任《まか》せれば大丈夫《だいじょうぶ》!!
ヨーコさんに、指一本《ゆびいっぽん》触《ふ》れさせませんよ!!
とりあえず、ヨーコさんの部屋《へや》を調《しら》べてみましょうか…
は、はい…
ガチャ
ねえ、お父《とう》さん!! わたしも行《い》ってもいい？
あん？
だって、アイドルの部屋《へや》って、どんな所《とこ》か見《み》てみたいもん!!
ねー、コナン君《くん》もそうでしょ？
う、うん…

13

来《き》てもいいが、絶対《ぜったい》に仕事《しごと》の邪魔《じゃま》をするなよ…
はーい♡
こいつ…ホントにオレの事《こと》心配《しんぱい》してたのか?
うおー! すごいマンションですなー!!!
さすが、沖野《おきの》ヨーコさんのお住《す》まいだ!!
ダ、ダメですよ、そんな大声《おおごえ》出《だ》しちゃ
彼女《かのじょ》が、ここに住《す》んでいる事《こと》は、秘密《ひみつ》なんですから!!
あ…
しーっ! しーっ!
あんただよ…
ガチャ
ほー、25階《かい》ですか…
ハイ… 眺《なが》めがとってもいいんですよ。
ガチャッ
さあ、どうぞ中《なか》に…

ヨ、ヨーコ、どーした?
あ…あ…
!?
どうかしましたか!?
こ、
これは!?

きゃあああ

FILE《ファイル》.7 血《ち》ぬられたアイドル
ど、どうかしましたか!?
あ…あ…
こ、
これは!?

FILE《ファイル》.7 血《ち》ぬられたアイドル

け、警察《けいさつ》だ…
警察《けいさつ》を呼《よ》べ!!
ま、まってください、探偵《たんてい》さん
この事《こと》がマスコミに知《し》れたら、彼女《かのじょ》のスキャンダルに…
ど、どうしてわたしの部屋《へや》でこんな…
ぐ…
なんとか内密《ないみつ》に捜査《そうさ》を…
そ、そうですな…この事《こと》は内緒《ないしょ》に…
ハハハ…
おいおい…
──なんて、バカな事《こと》ができるかー!?
これは殺人事件《さつじんじけん》だぞ!!!
蘭《らん》!!警察《けいさつ》に連絡《れんらく》だ!!
はい!!

なんだ？
なんの騒《さわ》ぎだ!?
殺人事件《さつじんじけん》らしいわよ…
まあ恐《おそ》ろしい……
パシャ
なるほど……
では、あなたがこの部屋《へや》に帰《かえ》って来た時《とき》には、もうこの男《おとこ》は殺されていたと…
は、はい…
そして、その時《とき》いっしょに居合《いあ》わせた探偵《たんてい》が…
チラッ
ニッ

この毛利小五郎《もうりこごろう》であります、目暮警部殿《めぐれけいぶどの》!!
よりによってこいつとは…
いやー、懐《なつ》かしいですなー!! 警部殿《けいぶどの》と追《お》った事件《じけん》の数々《かずかず》!!
ああ…部下《ぶか》だったおまえがおかげで、ほとんど迷宮《めいきゅう》入《い》りになったがな…
ボリ
ハッハッハッ
刑事《けいじ》を辞《や》めて、探偵《たんてい》になったと聞《き》いてたが…
まだやっとったとは…
しかし、この部屋《へや》暑《あつ》いですなー……
いつもこんなにヒーターを強《つよ》く…?
いえ…こんなに強《つよ》くは…
それに、出《で》かける時《とき》はちゃんと電源《でんげん》を切《き》ったはずなんですが…
そりゃー妙《みょう》ですな…
6
妙《みょう》なのは、それだけじゃないですよ、目暮警部《めぐれけいぶ》…

わずかですが、死体《したい》のまわりにぬれた跡《あと》があります…
そして、死体《したい》のそばのこのイス…
こんなに荒《あ》らされた部屋《へや》の中《なか》で、なぜかこのイスだけ立《た》ってる…
…………
さらに、暑《あつ》すぎるこの部屋《へや》…
死亡推定時刻《しぼうすいていじこく》をくるわせるためなのか…
いや、まてよ…それなら死体《したい》を水《みず》につけた方《ほう》が…
………
効果的《こうかてき》に…
………
ハハハ…

その子《こ》は？
知《し》り合《あ》いから預《あず》かってる子《こ》ですよ…
仕事《しごと》の邪魔《じゃま》するなっていったろっ!?
どうだ？死因《しいん》はわかったかね？
やはり、背中《せなか》にささった包丁《ほうちょう》によるものです…
おそらく即死《そくし》だったでしょう…
あの包丁《ほうちょう》は、あなたの物《もの》ですか？
え、ええ…
では、あなたの指紋《しもん》がついていても当然《とうぜん》というわけですな…
は、はい…
ま、まさか、ヨーコを疑《うたが》っているんじゃ…
誰《だれ》だね君《きみ》は？
ヨ、ヨーコのマネージャーの山岸《やまぎし》です…
で？お二人《ふたり》は被害者《ひがいしゃ》に見覚《みおぼ》えは？
そ、それが…
怖《こわ》くて、まだよく見《み》てないもので…

じゃあ、しっかり見《み》て
もらいましょうか…
ポリ
ポリ
そ〜っ
!?
あ…
あ…
見覚《みおぼ》えが
あるんですか?
い、いえ、
もっと近《ちか》くで
見《み》ないと…
ズルッ

うひゃああっ
!?
ダメですよ、死体《したい》に触《ふ》れちゃ…
す、すみません
つい足《あし》がすべって……
あのマネージャー、今《いま》、確《たし》かに…
確《たし》かに死体《したい》の指《ゆび》から、何《なに》かを抜《ぬ》き取《と》った!!
何《なん》だ!?
ゴン
ヒラ

で？見覚《みおぼ》えはあるんですか？
やっぱり知《し》らない人《ひと》です…
なあヨーコ？
え、ええ…
ハサ
!?
タタタ‥
?
ハハハ…
まあいい…被害者《ひがいしゃ》の身元《みもと》がわかれば、はっきりするさ…
そ～っ
か、
髪《かみ》の毛《け》!?
あの死体《したい》の指《ゆび》に髪《かみ》の毛《け》が!?
いったい誰《だれ》の!?
なぜ、あのマネージャーがそれを隠《かく》すんだ!?
まさかこの事件《じけん》の犯人《はんにん》は…

窓《まど》には、鍵《かぎ》がかかっているし、ここは25階《かい》…
外部《がいぶ》からの侵入《しんにゅう》は不可能《ふかのう》に近《ちか》い…
となると、入口《いりぐち》はあの玄関《げんかん》のドアただ一《ひと》つ…
そして、凶器《きょうき》からは、ヨーコさん以外《いがい》の指紋《しもん》は発見《はっけん》されなかった…
つまり犯人《はんにん》は…
この部屋《へや》の主《ぬし》のあなたしか考《かんが》えられない…
そ、そんな、わたし、人殺《ひとごろ》しなんか!!
そうですよ、警部殿《けいぶどの》!!
ヨーコさんは、わざわざわたしに依頼《いらい》を…
フン…依頼主《いらいぬし》が犯人《はんにん》というのは、よくある事《こと》だ…
しかしですねー…
普通《ふつう》、合《あ》い鍵《かぎ》とかあんじゃねーの?
!?
ダメ!!
ま、またこいつ…
12
あ、合《あ》い鍵《かぎ》ならマネージャーの山岸《やまぎし》さんが…
ハ、ハイ…
な、なんだと…
そうかわかった!!
犯人《はんにん》は…

マネージャーの山岸《やまぎし》!!
おまえだ!!!
な!?
おまえは、きっとヨーコさんにふられたんだ!! その腹《はら》いせにこんな事《こと》を…
おいおい…ヨーコさんが犯人《はんにん》じゃない根拠《こんきょ》は?
こーんなにかれんなヨーコさんが、犯人《はんにん》なわけないでしょ?
あ、そう…
バーカ…
13
た、確《たし》かにボクは合《あ》い鍵《かぎ》を持《も》ってましたが、なくしちゃったんですよ…
あ〜〜〜っ!?
てめー、ウソいってんじゃねーぞ!?
ほ、本当《ほんとう》です。五日前《いつかまえ》にTV《テレビ》局《きょく》の楽屋《がくや》で…
それは、まちがいありません!! そのTV《テレビ》局《きょく》の人《ひと》にもいっしょに探《さが》してもらったから…
ちっ…ヨーコさんがそういうのなら…

それに、それからなんです…わたしの留守中《るすちゅう》に部屋《へや》に誰《だれ》かが入《はい》ったような気配《けはい》を感《かん》じ出《だ》したのは…
ウーム…それが本当《ほんとう》なら…
ヨーコさんが人《ひと》に恨《うら》みをかうような心《こころ》あたりは？
いえ…ヨーコにかぎってそんな…
何《なん》だろう…
この事件《じけん》の全貌《ぜんぼう》をつかむには…
まだ何《なに》か足《た》りないような気《き》がする…
もっと重要《じゅうよう》な…
何《なに》かが…
!?
こ、こんな所《ところ》に、
イヤリングが!?

警部《けいぶ》!! あそこのソファーの下《した》にね…
ん?
また おまえか…
邪魔《じゃま》だ、しっ! しっ!
まったく… 子供《こども》なんぞ 連《つ》れて きおって…
くそー、やっぱりダメだ…
目暮警部《めぐれけいぶ》まで、オレが子供《こども》になったとたん、相手《あいて》にしてくれねー…
でも、大人《おとな》にはなれないし…
大人《おとな》…
15
そうだ!! この蝶《ちょう》ネクタイ!!
これは蝶《ちょう》ネクタイ型《がた》変声機《へんせいき》じゃ!!
これを使《つか》えば、大人《おとな》から子供《こども》まで ありとあらゆる声《こえ》を出《だ》せるぞ!!
よーし、このダイヤルを大人《おとな》の声《こえ》に合《あ》わせて…
キチ キチ
サッ

警部《けいぶ》!! ソファーの下《した》に、あんな物《もの》が!!
ん?
だ、
誰《だれ》だ!?
ソファーの下《した》…
こ、
これは!?
イヤリング……?
そ、それはゆう子《こ》さんの…
ゆう子《こ》さん?
わたしと同期《どうき》デビューの池沢《いけざわ》ゆう子《こ》さんです…
よく仕事《しごと》でいっしょになるんで、何度《なんど》も見《み》た事《こと》があるんです…
でも、どうしてゆう子《こ》さんのイヤリングがわたしの部屋《へや》に…
そ、そういえば…

16

池沢《いけざわ》ゆう子《こ》は、ドラマの主役《しゅやく》をヨーコにとられて、
恨《うら》んでいると聞《き》いた事《こと》があります…
ゆ、ゆう子《こ》さんがわたしを…
フッフッフ…今度《こんど》こそわかったぞ…
犯人《はんにん》は池沢《いけざわ》ゆう子《こ》だ!!!
奴《やつ》を捕《つか》まえろ!!!
ですよね、警部殿《けいぶどの》!!
あ、ああ…署《しょ》まで参考人《さんこうにん》として…
いや…直接《ちょくせつ》ここに来《き》てもらおう!!
そういう事《こと》だ!!急《いそ》げ!!!
ダッ
は、はい!!

犯人《はんにん》は池沢《いけざわ》ゆう子《こ》!!
そいつにまちがいない!!
いや…現場《げんば》の状況《じょうきょう》から見《み》て、当然《とうぜん》、犯人《はんにん》は沖野《おきの》ヨーコ!!
だが、その動機《どうき》は!?
マネージャーのあの行動《こうどう》…
そして、部屋《へや》に残《のこ》された奇妙《きみょう》な痕跡《こんせき》はいったい…
駒《こま》はそろった!!
あとはどう組《く》み立《た》てるか…

FILE《ファイル》.8 あなたに似《に》た人《ひと》

確《たし》かにそうよ…
私《わたし》は、ヨーコにドラマの主役《しゅやく》をとられて、恨《うら》んでいたわよ!!
でも、これは、ヨーコの部屋《へや》で起《お》こった殺人事件《さつじんじけん》でしょ!?
なんでわたしがわざわざここに、
呼《よ》び出《だ》されなきゃいけないわけ!?
疑《うたが》うんなら、家主《やぬし》のヨーコを疑《うたが》うのが筋《すじ》じゃなくて?
ゆ、ゆう子《こ》さん…
き、きさま……
確《たし》かにおっしゃるとおりです、池沢《いけざわ》ゆう子《こ》さん…

2

死体《したい》の背中《せなか》には、部屋《へや》にあった包丁《ほうちょう》が刺《さ》さっており、
その凶器《きょうき》からは、沖野《おきの》ヨーコさんの指紋《しもん》しか、発見《はっけん》されてない…
しかも、この部屋《へや》は25階《かい》!! 鍵《かぎ》を持《も》っている者以外《ものいがい》は、外部《がいぶ》からの侵入《しんにゅう》は不可能《ふかのう》だ!!
フフフ… そういう事《こと》なら、わたしは関係《かんけい》ないわね!
だって、わたしはここに来《き》たの初《はじ》めてなんだもの!
じゃあ、何《なん》でこれがここにあるんだ!?
あんたのだろ? このイヤリング!!
あら そうよ!!
どこかでなくしたのかと思《おも》ってたけど、見《み》つけてくれたのね!
イヤリングだけじゃない! 下《した》の管理人《かんりにん》も証言《しょうげん》してるんだ!! あんたに似《に》た人《ひと》を見《み》たってな!!
似《に》た人《ひと》は似《に》た人《ひと》よ! わたしじゃないわ!!
バカバカしい、ちょっとトイレ借《か》りるわよ!!
ま、まて!! まだ話《はなし》が…

しつこいわね!!
わたしのイヤリングが落《お》ちてたぐらいで犯人《はんにん》にされちゃたまんないわよ!!
早《はや》く帰《かえ》らせてよ!! わたしだって忙《いそが》しいんだから!!
フン…今《いま》人気《にんき》NO《ナンバー》.1《ワン》のヨーコほどじゃないけどね…
………
でも、この事《こと》がマスコミに知《し》れたら、あなたのイメージは急降下《きゅうこうか》…
そしたら、あなたも暇《ひま》になるかもね!!
ホホ
ホホ
!?
こ、
この二人《ふたり》……
4
チャリ
後《うし》ろ姿《すがた》がそっくりだ!!
バタン
それに、あの人《ひと》どうして…

あ、あのね、おじちゃん達《たち》…
あ〜〜〜？
まだ何《なに》か用《よう》か、小僧《こぞう》…
あ、あの…
ダメよコナン君《くん》、邪魔《じゃま》しちゃ!!
でも、さっき来《き》たねーちゃんがね…
へーーコナン君《くん》なりに考《かんが》えてんだ!!
えらい！えらい!!
だけど、コナン君《くん》、小学一年生《しょうがくいちねんせい》でしょ？探偵《たんてい》ゴッコは、まだ早《はや》いよ！
う、うん…
ホントは、高二《こうに》だけどな…
今《いま》、お父《とう》さんと目暮警部《めぐれけいぶ》が一生懸命《いっしょうけんめい》考《かんが》えてるから大丈夫《だいじょうぶ》…すぐ解決《かいけつ》するわ!!
あの二人《ふたり》じゃ大丈夫《だいじょうぶ》じゃねーから、オレが考《かんが》えてんじゃねーか…
でも新一《しんいち》なら…

新一《しんいち》なら、きっと、こんな事件《じけん》もっと簡単《かんたん》に解《と》いちゃうのにね…
どこいっちゃったんだろーね？
あの推理《すいり》オタク…
蘭《らん》!!!
き、
きっと…
きっとすぐ戻《もど》って来《く》るよ!!
だから心配《しんぱい》するな!!
？
た、たぶんだけど…
ハハハ…

もう何度《なんど》いったらわかるのよ!?
わたしは、ここに来《き》た事《こと》ないっていってるでしょ!?
そんなにいうなら、証拠《しょうこ》を見《み》せなさいよ!!
だから、あんたのイヤリングが…
あれはなくした物《もの》よ!!
もしかしたら、ヨーコに盗《ぬす》まれたのかもね…
そ、そんなゆう子《こ》さん…
7
フン、どうだかね…
!?
ボッ
とにかく、帰《かえ》らせてもらうわ…
フーッ
へーっ、これ、ライターなんだ!!
置物《おきもの》かと思《おも》ったら、ライターだなんて、かわってるー!!
コナン君《くん》…
なにこの子《こ》?

おねーちゃん、ここに来《き》た事《こと》ないんでしょ？
それなのによくライターだってわかったね！
な!?
!?
その子《こ》のいうとおりだ…どうして、わかったのかね？
し、知《し》り合《あ》いの家《いえ》に、たまたまそれと同《おな》じ物《もの》が…
どこの家《いえ》だね？部下《ぶか》に行《い》かせて調《しら》べさせよう…
そ、それは…
ねー、トイレどこ？
え？そこの廊下《ろうか》の…
!?
そういえば、さっき、あんた確《たし》かトイレの場所《ばしょ》を知《し》ってましたね…
ここに一度《いちど》も来《き》た事《こと》ないのになぜなんでしょうねー？
あ、あ…
なぜだかいってやろうか？

それは池沢《いけざわ》ゆう子《こ》、おまえが犯人《はんにん》だからだ!!!
おまえはヨーコさんにスキャンダルを起《お》こすためにこの部屋《へや》で、この男《おとこ》を殺《ころ》したんだ!!
ち、ちがう…わたしは殺《ころ》してない…
その男《おとこ》が急《きゅう》に襲《おそ》ってきたから、抵抗《ていこう》しただけよ!!
殺《ころ》してなんかいない!!
お、襲《おそ》ってきた?
この部屋《へや》でか?
……そうよ…
じゃあ、あんたやっぱりこの部屋《へや》に…
そうよ、入《はい》った事《こと》があるわよ!!
楽屋《がくや》で盗《ぬす》んだこの部屋《へや》の合《あ》い鍵《かぎ》でね!!
ゆ、ゆう子《こ》さん…

最初《さいしょ》は、わたしの仕事《しごと》をとったヨーコへの、ただのイヤがらせだったのよ!!
無言電話《むごんでんわ》をかけたり、ヨーコを隠《かく》し撮《ど》りした写真《しゃしん》を送《おく》ったり…
でも、ヨーコは平気《へいき》な様子《ようす》で仕事《しごと》してたわ!!
だから、わたし頭《あたま》にきて、ヨーコの留守中《るすちゅう》に部屋《へや》に忍《しの》び込《こ》んで探《さが》してたのよ…
何《なに》か、スキャンダルのネタはないかってね…
でも、今日《きょう》の昼間《ひるま》入《はい》ったら、いきなりその男《おとこ》も入《はい》ってきて…
!?
きゃあぁ
わたし、必死《ひっし》で抵抗《ていこう》して…
なんとか、その場《ば》から逃《に》げたのよ…

なるほど…その時《とき》ですな…あなたのイヤリングがとれたのは…
フン…勢《いき》い余《あま》って、殺《ころ》しちまったんじゃねーのか?
殺《ころ》してないっていってるでしょ!?
警部《けいぶ》!!被害者《ひがいしゃ》の身元《みもと》がわれました!!
おお、そうか!!
藤江明義《ふじえあきよし》22歳《さい》…港南高校《こうなんこうこう》を卒業後《そつぎょうご》、角紅商事《かくべにしょうじ》に勤務《きんむ》…
現在《げんざい》はその会社《かいしゃ》を辞《や》めて…
港南高校《こうなんこうこう》……?
港南高校《こうなんこうこう》といえば、確《たし》かヨーコさんが通《かよ》ってた高校《こうこう》も…
ぐ、偶然《ぐうぜん》ですよ…
なあ、ヨーコ?
………
そうだよな?
わ、わたし…
その人《ひと》知《し》ってます!!!
なに!?
ヨーコ?
し、知《し》ってるどころか…
その人《ひと》は…

高《こう》校《こう》時《じ》代《だい》つき合《あ》っていた、
わたしの彼《かれ》氏《し》です!!
なっ…
にぃ!?
ヨーコ!!
ご、ごめんなさい、山岸《やまぎし》さん…
でも、わたしには隠《かく》しとおせません!!
ま、まさか君《きみ》は、昔《むかし》の男《おとこ》関《かん》係《けい》を精《せい》算《さん》するために殺《ころ》した…
そ、そんな事《こと》してません!!
それに、彼《かれ》の方《ほう》なんです…高《こう》校《こう》時《じ》代《だい》、わたしをふったのは…

なのに、わたしがアイドルで有名《ゆうめい》になったら、ヨリを戻《もど》そうって…
しつこくいい寄《よ》ってきて…
だから、彼《かれ》から逃《に》げるためにこのマンションに引《ひ》っ越《こ》したんです…
死体《したい》の顔《かお》を見《み》た時《とき》、はっきり彼《かれ》だとわかりましたが…
彼《かれ》の事《こと》は、マネージャーの山岸《やまぎし》さんに口止《くちど》めされていたので、つい…
ヨーコ…
でも、なぜ彼《かれ》がここで殺《ころ》されていたかは、わたしには…
教《おし》えてください!!
彼《かれ》を殺《ころ》したのはいったい、誰《だれ》なんですか!?
だ、誰《だれ》っていわれても…

誰《だれ》だ!?
いったい犯人《はんにん》は、
誰《だれ》なんだ!?

やはり、池沢《いけざわ》ゆう子《こ》が抵抗《ていこう》した際《さい》に、勢《いきお》い余《あま》って殺《ころ》してしまったのか？
いや…沖野《おきの》ヨーコにも動機《どうき》がありそうだ…
じゃあ、マネージャーが死体《したい》の指《ゆび》から髪《かみ》の毛《け》を抜《ぬ》き取《と》ったのは何《なん》のためなんだ？
くそー、まだ推理《すいり》するには何《なに》か足《た》りねー…
何《なん》だ!?
何《なに》が足《た》りねーんだ!?
!?
こ、
このヘコミは!?

まてよ…確《たし》か部屋《へや》は荒《あ》れてるのに、
死体《したい》の足元《あしもと》のあのイスだけは立《た》っていた！
それに暑《あつ》すぎるこの部屋《へや》の温度《おんど》と、
死体《したい》のまわりの床《ゆか》に残《のこ》った水《みず》の跡《あと》…
そして死体《したい》の指《ゆび》には髪《かみ》の毛《け》が…
!!
そうか、わかったぞ!!
このヘコミは!!

パズルは、
解《と》けた!!!
でも早《はや》く
あのヘボ探偵《たんてい》に
教《おし》えないと…
フッフッフ…
今度《こんど》こそ…
今度《こんど》こそ…
カッ
わかったぞ!!
犯人《はんにん》は……

FILE《ファイル》. 9
不幸《ふこう》な誤解《ごかい》

犯《はん》人《にん》は…
!?
マネージャーの山岸《やまぎし》、
きさまだ!!!
おまえは、この男《おとこ》がヨーコさんに付《つ》きまとうのが邪魔《じゃま》だった…
なんたって、ヨーコさんの高校時代《こうこうじだい》の恋人《こいびと》だ!
マスコミに知《し》れたらスキャンダルになる…

2

そんな折《おり》、この部屋《へや》に潜《ひそ》んでいた被害者《ひがいしゃ》とバッタリ会《あ》って、口論《こうろん》となり、そのあげく…
殺《ころ》してしまったんだ!!!
わ…わたしは…
ちがいますかな?
ちがう!
その推理《すいり》はまちがってる!!
犯人《はんにん》は、その人《ひと》じゃない!!
早《はや》くおっちゃんを黙《だま》らせないと………
!?
それに、男《おとこ》の背中《せなか》に包丁《ほうちょう》を刺《さ》すなんて女《おんな》の力《ちから》では難《むずか》しい…
つまり山岸《やまぎし》さん…
犯人《はんにん》はあんたしかいないん…
ゴメンな、
おっちゃん!!

だ…
ヨロヨロ
トン
ドサ
ザッ
お、おい、どーした?
よーし、あとは、この蝶《ちょう》ネクタイ型《がた》変声機《へんせいき》を、
おっちゃんの声《こえ》に合《あ》わせて…
カチカチ
あーあーあー…
お、お父《とう》さん?
——と、いいたいところだが…

実《じつ》は、そうじゃない…
え？
山岸《やまぎし》さん…あなたは、この部屋《へや》の合《あ》い鍵《かぎ》を持《も》っていましたね…
は、はい…
当然《とうぜん》、容疑《ようぎ》はあなたにもかかる…
もし、あなたが犯人《はんにん》で、わたしに死体《したい》を発見《はっけん》させるためにわざわざ依頼《いらい》に来《き》たとしたら、
自分《じぶん》の無実《むじつ》を証明《しょうめい》する証拠《しょうこ》や、アリバイを用意《ようい》しているはずだ…
だが、そんな物《もの》は残《のこ》されていない…
そして、沖野《おきの》ヨーコさん…
は、はい!!
あなたにも同《おな》じ事《こと》がいえます…
真《ま》っ先《さき》に疑《うたが》われるのは、家主《やぬし》のあなたですからね…
じゃあ、犯人《はんにん》は…
池沢《いけざわ》ゆう子《こ》か!?
ちょ…

いや…それもちがう…
な!?
ゆう子《こ》さん…あなたは、この部屋《へや》に入《はい》った事《こと》を隠《かく》していた…
だが、殺《ころ》された男《おとこ》に襲《おそ》われた事《こと》は、自分《じぶん》から話《はな》しましたね…
もし、あなたが犯人《はんにん》なら、たとえ、はずみで殺《ころ》したとしても、男《おとこ》と出会《であ》った事《こと》はいわないはずだ…
なぜなら、あなたが部屋《ここ》に入《はい》った事《こと》は証明《しょうめい》できても、男《おとこ》と接触《せっしょく》したかどうかは、あなた以外《いがい》にはわかりませんからな…
し、しかし、君《きみ》のいってる事《こと》は…
そう…あくまでも心理的《しんりてき》な推測《すいそく》です………
その三人《さんにん》が犯人《はんにん》じゃない証拠《しょうこ》にはなりません…
しかし、その推測《すいそく》を裏付《うらづ》ける証拠《しょうこ》ならあります…
え?

山岸《やまぎし》さん、あなたが隠《かく》した髪《かみ》の毛《け》だ!!
なに!?
わたしは、見《み》ていたんですよ…
足《あし》が滑《すべ》ったふりをして、あなたが死体《したい》の指《ゆび》から髪《かみ》の毛《け》を抜《ぬ》き取《と》るのを…
きさま…
あ、あ…
やっぱり、こいつが犯人《はんにん》か!!
ひっ
ちがいますよ…わたしが問題《もんだい》にしているのはなぜ山岸《やまぎし》さんがそんな事《こと》をしたかではなくて、
どうして、死体《したい》の指《ゆび》に髪《かみ》の毛《け》があったかだ…
後《うし》ろから刺《さ》されて即死《そくし》の人間《にんげん》が、なぜか刺《さ》した人間《にんげん》の髪《かみ》の毛《け》をつかんでいた…
不思議《ふしぎ》だと思《おも》いませんか?
そ、そういえば…
犯人《はんにん》は、他殺《たさつ》に見《み》せたかったんですよ…それも、ヨーコさんに殺《ころ》されたようにね…
た、他殺《たさつ》に…!?
ま、まさか!?

そうです、犯人《はんにん》は…
死《し》んでいた藤江《ふじえ》さん本人《ほんにん》です!!!
じ、
自殺《じさつ》!?
バ、バカな…自分《じぶん》の背中《せなか》に包丁《ほうちょう》が刺《さ》せるわけが…
それが彼《かれ》の狙《ねら》い目《め》ですよ…背中《せなか》に刃物《はもの》が刺《さ》さっていれば、自殺《じさつ》には見《み》えませんからね…
思《おも》い出《だ》してください…
高温《こうおん》に設定《せってい》された部屋《へや》の温度《おんど》と床《ゆか》に残《のこ》った水《みず》の跡《あと》…
だが、氷《こおり》を使《つか》った簡単《かんたん》なトリックで…
それも可能《かのう》となる!!
そして、荒《あ》らされた部屋《へや》の中《なか》で、死体《したい》の足元《あしもと》のイスだけ立《た》っていた事《こと》を…

おそらく、藤江《ふじえ》さんは氷《こおり》に穴《あな》を空《あ》け包丁《ほうちょう》を立《た》て、
イスの上《うえ》から、それにめがけて背中《せなか》から飛《と》びおりた…
部屋《へや》の温度《おんど》が上《あ》げてあったのは、この時《とき》飛《と》び散《ち》った氷《こおり》を溶《と》かすためだったんですよ…
その証拠《しょうこ》に、死体《したい》のそばの床《ゆか》に、その時《とき》できたヘコミが残《のこ》っています…
こ、これか!?
たぶん、あの包丁《ほうちょう》の柄《え》の形《かたち》と一致《いっち》するでしょう…
でも、藤江《ふじえ》さんは、ヨーコさんを犯人《はんにん》に仕立《した》て上《あ》げるために、策《さく》を弄《ろう》しすぎた…
髪《かみ》の毛《け》か!?
そう… 彼女《かのじょ》の髪《かみ》の毛《け》をにぎって飛《と》びおりたんです…
それを最初《さいしょ》に発見《はっけん》した山岸《やまぎし》さんは、昔《むかし》の男《おとこ》をヨーコさんが殺《ころ》してしまったと思《おも》い込《こ》み、とっさに隠《かく》した…
山岸《やまぎし》さん…
す、すまんヨーコ… オレは、てっきり…
まあ、ヨーコさんの髪《かみ》の毛《け》を取《と》ったクシか何《なに》かから、藤江《ふじえ》さんの指紋《しもん》が出《で》れば…
わたしの推理《すいり》は証明《しょうめい》できるでしょう…
でも、どーして藤江君《ふじえくん》がそんな事《こと》……
それはたぶん… 彼《かれ》がまだ…

9

あなたを愛《あい》していたからですよ…
な…
気付《きづ》かれませんか？あなた達二人《たちふたり》の後《うし》ろ姿《すがた》が、そっくりなのを…
だから彼《かれ》は、部屋《へや》に入《はい》ったゆう子《こ》さんを、ヨーコさんとまちがえて襲《おそ》った…
いや、話《はなし》をしようとしたんだ…
見知《みし》らぬ男《おとこ》の出現《しゅつげん》に驚《おどろ》いたゆう子《こ》さんは、大声《おおごえ》を出《だ》して抵抗《ていこう》し、逃《に》げた…
でも、それをヨーコさんだと思《おも》っている彼《かれ》は、彼女《かのじょ》のそんな態度《たいど》を見《み》て愕然《がくぜん》とした…
追《お》い詰《つ》められた愛情《あいじょう》が、絶望《ぜつぼう》と憎《にく》しみにかわり、
おそらく…。
でも、彼《かれ》はわたしをふったんですよ!!なのに、どーして？
ち、ちがうんだヨーコ…
実《じつ》は、オレが彼《かれ》にたのんで別《わか》れてもらったんだよ…
そ…
そんな…
そんな事《こと》って…
警部《けいぶ》!!被害者《ひがいしゃ》の家《いえ》からこんな日記《にっき》が!!
なに!?
DIARY

発見《はっけん》された日記《にっき》は、彼《かれ》の苦《くる》しみであふれていた…
別《わか》れた後《あと》も、彼女《かのじょ》を忘《わす》れられずに会《あ》いに行《い》った事《こと》…
アイドル生命《せいめい》を絶《た》ってでも、彼女《かのじょ》を取《と》り戻《もど》したいと思《おも》いつめていた事《こと》…
そして…せめて、彼女《かのじょ》の誤解《ごかい》だけは解《と》きたい…このままでは、生《い》きていけないという言葉《ことば》で終《お》わっていた…
結局《けっきょく》…嘘《うそ》と誤解《ごかい》と偶然《ぐうぜん》が、重《かさ》なり合《あ》って起《お》きた悲劇《ひげき》だったというわけか…
ジジ…
ん？
11
あちっ
毛利君《もうりくん》!!君《きみ》の推理《すいり》どおりだよ!!
見直《みなお》したぞ、名探偵《めいたんてい》!!
ふえ？
ハッハッハ
ふ～っ、疲《つか》れた～～～!!
？

——三日後《みっかご》——
へー…指紋《しもん》出《で》てきたんだ…
そうよ！お父《とう》さんの推理《すいり》どおり、クシからバッチリ!!
わたし、お父《とう》さんの事《こと》見直《みなお》しちゃったー♡
あっそう…
結局《けっきょく》、ヨーコさん、ゆう子《こ》さんの事《こと》訴《うった》えなかったみたいよ…
これからもライバルでがんばろって！
ふーん…
あっ、ヨーコさん!!
強《つよ》いね彼女《かのじょ》…あんな事《こと》があったのに、もう立《た》ち直《なお》ってる！
ちがうよ蘭《らん》…
彼女《かのじょ》は、悲《かな》しみを隠《かく》して一生懸命《いっしょうけんめい》演《えん》じてるんだ…
ファンが求《もと》めてる…
偶像《アイドル》ってやつをね…

ポタ
ポタ
へ？
でも、わたしはダメね…
彼女《かのじょ》みたいに強《つよ》くなれない…
蘭《らん》ねえちゃん…？
新一《しんいち》がいなくなったぐらいで、
夜《よる》も眠《ねむ》れないんだもん…
ホントにダメね…
う、うん…
ホントに…

13

おかしい…
あの新一《しんいち》が、一週間《いっしゅうかん》も行方不明《ゆくえふめい》なんて…
やっぱり、何《なに》かあったんだ…
でも、新一《しんいち》にかぎってそんな事《こと》…
新一《しんいち》…
早《はや》く帰《かえ》って来《き》てよ…
新《しん》一《いち》!!!
ジリリリリ
ジリリリ!!
ジリリリリ!!
ガチャ
ハイ…毛利《もうり》探偵《たんてい》事務《じむ》…

蘭《らん》・・・
オレだ、わかるか？
し、
新《しん》一《いち》・・・
蘭《らん》のことだから、またオレの事《こと》心配《しんぱい》して、泣《な》いてんじゃねーかと思《おも》ってよ!!
バ、バカ…どーして、わたしが泣《な》かなきゃいけないのよ!?
今《いま》どこにいるのよ、新一《しんいち》？
ちょっと厄介《やっかい》な事件《じけん》を頼《たの》まれちまったんだ…
しばらく帰《かえ》れそうにねーな…
事件《じけん》？
まー、心配《しんぱい》すんな…

〈掲載・週刊少年サンデー平成6年5号より平成6年13号まで〉

解決《かいけつ》したら、すぐ戻《もど》るからよ!!
ゴメンな、蘭《らん》…
今《いま》は、変声機《へんせいき》ごしでしか話《はな》せないけど…
オレの体《からだ》が元《もと》に戻《もど》って、子供《こども》の声《こえ》じゃなくなれば…
その時《とき》はちゃんと、聞《き》かせてやるよ…
オレの本音《ホントの声》をな…

——名探偵コナン1・完——

名探偵コナン①

少年サンデーコミックス

1994年 7 月15日初版第 1 刷発行　(検印廃止)
2019年12月20日　第104刷発行

著者　青山剛昌

発行者　縄田正樹

印刷所　図書印刷株式会社

PRINTED IN JAPAN

発行所　(〒101-8001)東京都千代田区一ツ橋二の三の一　株式会社 小学館
TEL　販売03(5281)3556 編集03(3230)5480

ISBN4—09—123371—6

化化!!!!!!
あおざくら
防衛大学校物語
THE STORY OF NATIONAL DEFENSE ACADEMY
二《に》階《かい》堂《どう》ヒカル
HIKARU NIKAIDO
最新14巻
大好評発売中!

TVドラマ&舞台W決定!!!!

大注目の防大青春物語、待望の最新刊———!!!!!

中期解散日を迎えた近藤と同部屋のメンバーは、
親睦を深めるために温泉旅行へ!
ゆっくり湯船につかって疲れを癒やした一行は、
それぞれの実家に帰省して年末年始を過ごす。

「体感30秒」と言われている
あまりにあっという間のため
そして、後期が、ついに始まる———…!!!!!

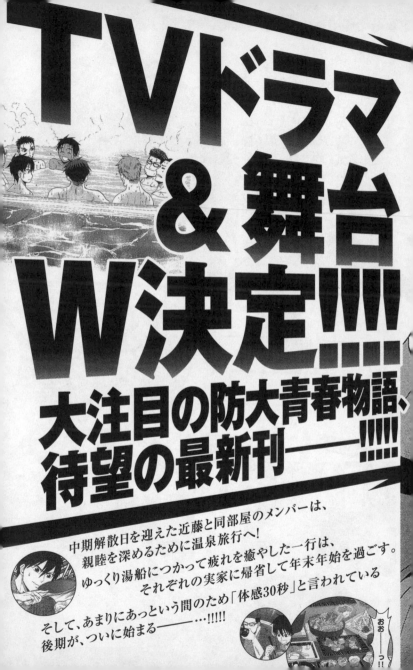

生徒会長《せいとかいちょう》に立候補《りっこうほ》する友達《ともだち》を、
応援《おうえん》したいと思《おも》いました。
伝《つた》えたい、伝《つた》えられない、
コミュ症美少女《しょうびしょうじょ》、古見《こみ》さんなりの奮闘《ふんとう》。
ほんの少《すこ》しの〝勇気《ゆうき》〟だけでも、
届《とど》けられたら——
潔清子《いさぎきよこ》は、潔癖症《けっぺきしょう》
汚《きたな》い同情票《どうじょうひょう》はいりません。
潔《いさぎ》 清子《きよこ》
!?
古見《こみ》さんの勇気《ゆうき》
じゃあ友達になりましょう。
中《ちゅう》です。

愛《あい》ちゃんと
笑介《しょうすけ》くんと
……
瞳《ひとみ》ちゃんと
やっほー!! おまたせー!!
え?
身長《しんちょう》がコンプレックス?
……
山井《やまい》さんと ツイスターゲーム
すなわち、こう!
選挙《せんきょ》ポスター撮影《さつえい》
はい チーズ!
パ
シャ
無表情《むひょうじょう》…!!
て れっ
1億 1億 1億
なぜか古見《こみ》さんも

週末《しゅうまつ》の万場木《まんばぎ》さん
演説《えんぜつ》、その前《まえ》に
一言《ひとこと》でいうと、
バカなんです!
!?
阿瀬《あせ》さんの応援《おうえん》
明日《あした》、アナタたちの友達を夕飯に招待なさい!
最低一人以上!!
!?
古見《こみ》さん宅《たく》で晩餐会《ばんさんかい》

生徒会長選挙《せいとかいちょうせんきょ》に立候補《りっこうほ》した同級生《クラスメート》、
潔清子《いさぎきよこ》は、潔癖症《けっぺきしょう》。
"潔癖《けっぺき》"過《す》ぎて、人《ひと》を寄《よ》せ付《つ》けません。
中学校《ちゅうがっこう》まで一緒《いっしょ》だった、阿瀬《あせ》さんでさえも?
でも2年生《ねんせい》になった古見《こみ》さんは、彼女《かのじょ》に近《ちか》づいて——
潔《いさぎ》さん、阿瀬《あせ》さん、そして古見《こみ》さんたちの、
友情《ゆうじょう》と勇気《ゆうき》の物語《ものがたり》が紡《つむ》がれていきます。
さらに、只野《ただの》くんたちが古見《こみ》さん宅《たく》に
お呼《よ》ばれしてご飯《はん》を食《た》べる話《エピソード》など、盛《も》りだくさん!

オダトモヒト

古見《こ》さんは、コミュ症《しょう》です。 Volume 15

Comi san ha Comyusho desu

1~15巻《かん》、続々重版《ぞくぞくじゅうはん》で好評発売《こうひょうはつばい》

少年サンデーコミックス

発行／小学館

S comics

少年サンデーの単行本は、右記のウェブページでも購入できます。 **https://websunday.net**

- ■妹りれき 全2巻 西村 啓
- ■探偵ゼノと7つの殺人密室 全8巻 原作／七月鏡一 作画／杉山鉄兵
- ■RYOKO 全5巻 三ツ橋快人
- ■アノナツ-1959- 全3巻 福井あしび
- ■水女神は今日も恋をするか？ 全3巻 三簾真也
- ■湯神くんには友達がいない 全16巻 佐倉 準
- ■初恋ゾンビ 全17巻 峰浪りょう
- ■メメシス 全4巻 柳生卓哉
- ■マリーグレイブ 全5巻 山地ひでのり
- ■サイケまたしても 全15巻 福地 翼
- ■シノビノ 全6巻 大柿ロクロウ
- ■セイギタイ～明治警察伝～ 全3巻 浦山慎也
- ■クロノマギア 時の召喚者と白刃の花嫁 全1巻 土星フジコ
- ■空に想う 全2巻 尾形和也
- ■だがしかし 全11巻 コトヤマ
- ■ねこったけ！ 全6巻 灘谷 航
- ■天翔のクアドラブル 全4巻 新井隆広
- ■隕石少女-メテオガール- 全4巻 石山り～ち
- ■マギ 全37巻 大高 忍
- ■競女!!!!!!!! 全18巻 空詠大智
- ■ハヤテのごとく！ 全52巻 畑健二郎
- ■クロノマギア ∞の歯車 全5巻 原作／河本ほむら・武野光 作画／東 毅
- ■電波教師 全26巻 東 毅
- ■市場クロガネは稼ぎたい 全13巻 梧桐柾木
- ■今際の国のアリス 全18巻 麻生羽呂
- ■キャラクタイムズゴールデン 全3巻 萬屋不死身之介
- ■キャラクタイムズ 全8巻 萬屋不死身之介
- ■ふれるときこえる 全4巻 本名ワコウ
- ■ノゾ×キミ 全8巻 本名ワコウ
- ■ファンタジスタ ステラ 全14巻 草場道輝 原案協力／本田圭佑
- ■ファンタジスタ〈復刻版〉 全25巻 草場道輝
- ■キング・オブ・アイドル 全6巻 若木民喜
- ■なのは洋菓子店のいい仕事 全7巻 若木民喜
- ■神のみぞ知るセカイ On the train + Pilot films 全1巻 若木民喜
- ■神のみぞ知るセカイ 全26巻 若木民喜
- ■天使とアクト!! 全17巻 ひらかわあや
- ■國崎出雲の事情 全19巻 ひらかわあや
- ■姉ログ 全12巻 田口ケンジ
- ■ちいさいひと～青葉児童相談所物語～ 全6巻 原作／夾竹桃ジン シナリオ／水野光博 取材・企画協力／小宮純一
- ■名探偵コナン から紅の恋歌 全2巻 原作／青山剛昌 作画／阿部ゆたか・丸伝次郎
- ■名探偵コナン 純黒の悪夢 全2巻 原作／青山剛昌 作画／阿部ゆたか・丸伝次郎
- ■名探偵コナン 迷宮の十字路 全2巻 原作／青山剛昌 作画／阿部ゆたか・丸伝次郎
- ■名探偵コナン 天国へのカウントダウン 全2巻 原作／青山剛昌 作画／阿部ゆたか・丸伝次郎
- ■名探偵コナン 異次元の狙撃手 全2巻 原作／青山剛昌 作画／阿部ゆたか・丸伝次郎
- ■名探偵コナン 時計じかけの摩天楼 全1巻 原作／青山剛昌 作画／阿部ゆたか・丸伝次郎
- ■名探偵コナン 漆黒の追跡者 全3巻 原作／青山剛昌 作画／阿部ゆたか・丸伝次郎
- ■名探偵コナン 世紀末の魔術師 全3巻 原作／青山剛昌 作画／阿部ゆたか・丸伝次郎
- ■ルパン三世VS名探偵コナン THE MOVIE 全2巻 原作／モンキー・パンチ・青山剛昌 作画／阿部ゆたか・丸伝次郎
- ■ルパン三世VS名探偵コナン 全1巻 原作／モンキー・パンチ・青山剛昌 作画／阿部ゆたか・丸伝次郎
- ■結界師 全35巻 田辺イエロウ
- ■5分後の世界 全7巻 福田 宏
- ■常住戦陣!!ムシブギョー 全32巻 福田 宏
- ■ムシブギョー 全3巻 福田 宏
- ■MAJOR 全78巻 満田拓也
- ■トキワ来たれり!! 全13巻 松江名 俊
- ■史上最強の弟子ケンイチ 全61巻 松江名 俊
- ■技の旅人 全1巻 松江名 俊
- ■月光条例 全29巻 藤田和日郎
- ■柊様は自分を探している。 全8巻 西森博之
- ■境界のRINNE 全40巻 高橋留美子
- ■犬夜叉 全56巻 高橋留美子
- ■らんま1/2〈新装版〉 全38巻 高橋留美子
- ■うる星やつら〈新装版〉 全34巻 高橋留美子

人気作、話題作がまとめて読める！